中经管理文库
管理学精品系列

多特征的企业产品智能定价方法研究

RESEARCH ON INTELLIGENT PRICING METHODS FOR ENTERPRISE PRODUCTS WITH MULTIPLE FEATURES

季明昕◎著

中国经济出版社
CHINA ECONOMIC PUBLISHING HOUSE
·北京·

图书在版编目（CIP）数据

多特征的企业产品智能定价方法研究 / 季明昕著
.--北京：中国经济出版社，2024.9
ISBN 978-7-5136-7738-7

Ⅰ. ①多… Ⅱ. ①季… Ⅲ. ①企业定价-研究 Ⅳ.
①F274

中国国家版本馆 CIP 数据核字（2024）第 076328 号

责任编辑　焦晓云
责任印制　马小宾
封面设计　任燕飞

出版发行　中国经济出版社
印 刷 者　河北宝昌佳彩印刷有限公司
经 销 者　各地新华书店
开　　本　710mm×1000mm　1/16
印　　张　11.75
字　　数　178 千字
版　　次　2024 年 9 月第 1 版
印　　次　2024 年 9 月第 1 次
定　　价　88.00 元
广告经营许可证　京西工商广字第 8179 号

中国经济出版社 **网址** http://epc.sinopec.com/epc/ **社址** 北京市东城区安定门外大街 58 号 **邮编** 100011
本版图书如存在印装质量问题，请与本社销售中心联系调换（联系电话：010-57512564）

序言

■ Preface

近年来，中央不断出台政策为创业企业清障及搭建平台。在创业企业数量激增的同时，我国中小企业的平均存活年限仅为2.5年，而集团企业的平均存活年限为7~8年，产品不符合市场需求及定价失误是企业失败的主要原因。2020年10月29日，中国共产党第十九届中央委员会第五次全体会议审议通过了《中共中央关于制定国民经济和社会发展第十四个五年规划和二〇三五年远景目标的建议》（简称"'十四五'规划"），将创新能力提升为主要目标之一。作为重要的市场经济主体，企业不断推陈出新并丰富产品功能，使产品呈现出多种特征。其中，基本特征是同类产品共有的，而产品独有的其他特征则能体现出差异性并提高竞争力。2020年《政府工作报告》明确提出"扩大内需""提振消费""扩大投资"，这对传统消费领域提出了新的要求，该领域需要不断提高供给质量并推出"专精特新"产品，以满足消费者多样化且多层次的消费需求。新冠疫情的暴发，使消费者的消费更理性且更讲究策略，他们不仅关注产品当前的价值，更关注产品未来的价格走势及增值空间。定价是企业的重要战略，甚至是决定企业成败的重要因素，企业需要在利润与风险之间寻求平衡。随着多特征的企业产品定价影响因素复杂性不断提升，现有的企业产品定价方法已无法满足动态多变的市场需求。因此，迫切需要对多特征的企业产品智能定价方法进行研究。

与以往研究不同的是，本书建立了多特征的企业产品智能定价方法研究体系，具体思路如下：从产品角度和市场角度分别建立了多特征的企业产品定价模型并提出定价方法。首先，从产品角度分析，部分产品的投资价值会导致价格泡沫的出现，而价格泡沫是产品价格的重要组成部分，通过对多特征的企业产品价格泡沫进行研究，可以初步分析企业产品价格的影响因素；其次，从市场角度分析多特征的企业产品价格并建立价格影响因素指标体系，明确价格影响因素指标权重及影响程度变化；再次，对传统定价方法模型及智能定价方法模型分别进行定价训练，从而确定智能定价方法并结合价格泡沫风险等级及风险警情对产品进行最终定价；最后，基于价格影响因素影响程度的变化，调整产品定价。

本书在定价模型及定价方法研究的基础上，构建 GSADF（Generalized Sup ADF）模型测度多特征的企业产品是否存在价格泡沫，并进一步分析存在价格泡沫产品的价格泡沫长度、频度和强度，以及价格泡沫的时间节点及时长；在实证研究的基础上，对价格泡沫出现的原因进行分析，进而分析价格影响因素；将价格泡沫存在期间与无泡沫期间的价格进行对比分析，为后续研究奠定基础。研究主要有以下几点发现：①有投资价值的企业产品均存在价格泡沫，而仅具有使用价值的企业产品则呈现出不同特点。②仅具有使用价值的企业产品的泡沫长度和泡沫强度均优于具有投资价值的企业产品；在泡沫频度指标中，具有投资价值的企业产品多于仅具有使用价值的企业产品。③通过对价格泡沫产生原因的分析，可知多特征的企业产品价格主要受供需因素、经济发展因素及技术因素等的影响。

基于产品角度的多特征企业产品价格分析是单一角度的初步分析，未形成完整的体系。本书进一步从市场角度分析多特征的企业产品价格并建立价格影响因素指标体系。通过逼近理想解的排序方法（Technique for Order Preference by Similarity to Ideal Solution，TOPSIS），一方面对多特征的企业产品价格影响因素权重进行排序，明确价格影响因素权重，另一方面分析各因素对多特征企业产品价格影响程度的变化。研究发现：① 5 个一级指标中的 CSD（全国茶叶供需因素）及 ECO（经济发展因素）对研究样本价格影响较大，这进一步验证了无论是基于企业产品的使用价值还是投资价值，这两个因素都是影响价格的主要因素。②在 16 个二级指标中，YIL_2（云南省茶叶电商销售额）对价格的影响最大。③在各因素对价格影响程度变化的实证分析中，CSD、PSD（普洱茶供需因素）及 YIL（云南省互联网发展水平因素）对研究样本的影响程度逐年增强，ECO 及 YSF（云南省茶叶供给因素）对价格的影响则呈现出不同特征。

在上述研究的基础上，将企业、产品及市场的历史数据和对未来需求的预测结合在一起进行自学习，智能给出产品定价，可为企业产品定价提供参考。将 ARIMA 模型作为传统定价方法模型，将 TOPSIS-BP 模型及 GSADF-TOPSIS-BP 模型作为智能定价方法模型，分别进行定价训练，有助于确定产品智能定价方法，并结合价格泡沫风险等级及风险警情对多特征的企业产品进行最终定价。研究发现：①ARIMA 模型的短期预测效果较好。②未考虑泡沫因素的 TOPSIS-BP 模型预测精度不高，不能体现智能定价模型的智能性与优越性。这主要是由于产品存在价格泡沫，数值异常会影响预测精度。③综合考虑产品价格泡沫因素构建的 GSADF-TOPSIS-BP 模型预测效果大幅提升，满足了本书的实证需求。④采用智能定价方法并结合价格泡沫风险等级和风险警情确定多特征的企业产品最终定价具有一定的科学性与合理性。⑤可以基于价格影响因素的影响程度变化调整产品定价。

本书在特征价格理论及市场细分理论基础上构建的多特征的企业产品智能定价方法研究体系，在理论、指标体系及定价方法三个方面均有一定的创新。本书建立的价格影响因素指标体系为企业产品定价奠定了基础，企业可根据价格影响因素的影响程度变化调整定价；本书建立的价格泡沫预警体系，可以有效规避企业风险并降低损失；本书确定的智能定价方法，可以降低企业定价的主观性与不确定性，从而达到实现利润与防控风险的平衡。

目 录
Contents

第一章　绪论 ………… 001

第一节　研究背景与研究意义 ………… 003

一、研究背景 ………… 003

二、研究意义 ………… 008

第二节　问题的提出 ………… 011

第三节　研究设计 ………… 013

一、技术路线 ………… 013

二、研究方法 ………… 013

第四节　研究内容 ………… 015

第五节　本书的创新点 ………… 017

第六节　本章小结 ………… 018

第二章　理论基础与文献综述 ………… 021

第一节　理论基础 ………… 023

一、特征价格理论 ………… 024

二、市场细分理论 ………… 028

第二节　文献综述 ………… 031

一、多特征的企业产品相关研究 ………… 031

二、传统定价方法相关研究 ………… 033

三、智能定价方法相关研究 ………… 035

第三节　文献述评 ………… 037

一、理论研究现状与不足 ………… 037

二、研究思路 …… 038
第四节 本章小结 …… 040

第三章 多特征的企业产品定价模型及方法 …… 041

第一节 基于产品角度的定价模型 …… 043
一、特征价格模型 …… 043
二、基于产品角度的定价模型 …… 045
第二节 基于市场角度的定价模型 …… 045
第三节 多特征的企业产品定价模型构建 …… 047
第四节 基于定价模型的定价方法提出 …… 048
第五节 本章小结 …… 049

第四章 基于产品角度的多特征的企业产品价格分析 …… 051

第一节 产品特征对价格的影响 …… 053
第二节 价格泡沫相关研究 …… 054
一、价格泡沫检测方法 …… 054
二、价格泡沫检测方法应用领域 …… 056
第三节 样本分析与选取 …… 057
一、样本分析 …… 057
二、样本选取 …… 059
第四节 样本价格波动特征及描述性统计 …… 060
一、样本价格波动特征 …… 060
二、样本价格描述性统计 …… 061
第五节 模型构建与检测方法 …… 062
一、模型构建 …… 062
二、检测方法 …… 062
第六节 多特征的企业产品价格泡沫测度 …… 063
第七节 多特征的企业产品价格泡沫长度、频度及强度测度 …… 064
第八节 多特征的企业产品价格泡沫时间节点及泡沫时长测度 …… 065
一、产品一泡沫发生过程分析 …… 065

二、产品二泡沫发生过程分析 …………………………………… 068
三、产品三无价格泡沫分析 ……………………………………… 070
四、产品四泡沫发生过程分析 …………………………………… 070
第九节 价格泡沫期间与无泡沫期间的价格对比分析 ………… 071
第十节 本章小结 ………………………………………………… 074

第五章 基于市场角度的多特征的企业产品价格分析及价格影响因素指标体系的建立 ……………………………………… 075

第一节 基于市场角度的多特征的企业产品价格影响因素分析 …… 077
一、供需因素 …………………………………………………… 077
二、经济发展因素 ……………………………………………… 078
三、技术因素 …………………………………………………… 079
第二节 多特征的企业产品价格影响因素指标体系的建立 ……… 080
一、多特征的企业产品价格影响因素指标选取 ………………… 080
二、多特征的企业产品价格影响因素指标体系的建立 ………… 083
第三节 多特征的企业产品价格影响因素评价方法选择 ………… 084
一、多特征的企业产品价格影响因素权重模型 ………………… 085
二、多特征的企业产品价格影响因素评价模型 ………………… 086
第四节 多特征的企业产品价格影响因素指标权重及影响程度变化 …………………………………………………… 087
一、多特征的企业产品价格影响因素指标权重 ………………… 087
二、多特征的企业产品价格影响因素的影响程度变化 ………… 089
第五节 本章小结 ………………………………………………… 097

第六章 多特征的企业产品智能定价方法及实证研究 ……………… 099

第一节 价格预测模型及智能定价方法选择 ……………………… 101
第二节 传统定价方法模型——基于 ARIMA 模型的多特征的企业产品定价模型训练 ……………………………………… 103
一、样本选取 …………………………………………………… 103
二、ARIMA 模型构建 …………………………………………… 103
三、平稳性检验 ………………………………………………… 104

四、序列平稳化 …… 105
五、参数估计 …… 105
六、模型的适应性检验 …… 108
七、ARIMA 模型验证及分析 …… 112
第三节 多特征的企业产品智能定价方法模型训练 …… 115
一、基于 TOPSIS-BP 模型的多特征的企业产品定价模型训练 …… 115
二、基于 GSADF-TOPSIS-BP 模型的多特征的企业产品定价模型训练 …… 125
第四节 多特征的企业产品智能定价方法实证研究 …… 131
一、样本选取 …… 132
二、多特征的企业产品定价 …… 132
三、定价分析 …… 135
四、基于价格泡沫风险等级及风险警情的产品最终定价 …… 135
五、基于价格影响因素的影响程度变化的产品定价调整 …… 139
第五节 本章小结 …… 140

第七章 研究结论与展望 …… 143

第一节 研究结论 …… 145
第二节 理论贡献与实践启示 …… 148
一、理论贡献 …… 148
二、实践启示 …… 149
第三节 存在的不足与研究展望 …… 150

参考文献 …… 152
附录 A 基于 TOPSIS-BP 模型的多特征的企业产品定价模型训练 …… 171
附录 B 基于 GSADF-TOPSIS-BP 模型的多特征的企业产品定价模型训练 …… 174

第一章

绪　论

第一节　研究背景与研究意义

一、研究背景

（一）多特征的企业产品能体现企业创新能力并满足消费需求

近年来，中央不断出台政策为创业企业清障及搭建平台，各相关部门采取一系列举措保障政策的落地与实施，如工商部门作为深化改革的“先行官”和“先锋官”，推进了商事制度改革并促进了工商注册制度便利化，极大地简化了企业注册的流程、降低了企业注册的难度。各省份也根据自身的实际情况，制定了相关方案。在政策的推动下，社会创业热情高涨，尤其是2019年，企业数量日均净增达到1万户以上；截至2021年12月，我国企业数量达到4600万户。“大众创业”对带动就业及繁荣市场经济起到了重要的推动作用，而我国中小企业的平均存活年限仅为2.5年，集团企业的平均存活年限为7~8年，市场竞争日益激烈。随着创业的普及以及创业企业数量的激增，企业创新能力面临新的挑战。2020年10月29日，中国共产党第十九届中央委员会第五次全体会议审议通过了《中共中央关于制定国民经济和社会发展第十四个五年规划和二〇三五年远景目标的建议》，将创新能力提升为主要目标之一，而作为市场主体的重要组成部分，我国企业的研发投入较低、核心技术较少且创新能力明显不足，这也成为企业发展的重要阻碍。企业创新体现在产品、制度及管理等方面，而其中的产品创新，是指创造某种新产品或对原来产品的功能进行创新，以满足市场和消费者的需求。产品创新使产品的差异化程度提高、价格上涨，企业盈利能力提高（曾武，2012）。创业企业数量的激增导致产品大量流入市场，消费者变为生产者，而消费需求不足则导致供需失衡。全球新冠疫情的暴发，使各国经济面临极大的不确定性。2020年《政府工作报告》明确提出“扩大内需”“提振消费”“扩大投资”，这对传统消费领域提出了新的要求，该领域需要不断提高供给质量、推出“专精特新”产品，以满足消费者多样化且多层次的需求。

（二）产品定价是决定企业成败的重要因素

产品定价是产品交易双方的桥梁，涉及所有社会成员利益且是实现社会资源及福利配置的重要手段（杨天剑，2004）。合理定价有助于供应商平衡利润率与销售额，从而达到预期目标；而定价失误则会导致产品滞销或利润率过低（杜鹏，2014）。通过对企业失败原因进行调查，我们可以发现，定价失败是企业失败的主要原因。企业通常会采取多种方式及策略进行产品定价。本书选取部分企业产品定价案例进行研究，见表1.1。亚马逊公司的动态定价导致客户购买同一产品的价格不一致，虽给企业带来了短期利润的增长，但以损害企业声誉为代价，并且需补偿消费者价格差。伟达公司的新产品高价高质策略，使该公司生产的矿泉水价格高于同类产品，但由于该产品的可替代性较强且消费者选择较多，高价策略是失败的。相比之下，小米和宜家的定价就很成功，它们在准确把握市场形势、科学分析消费者需求及产品特点的基础上进行定价，这种做法是科学合理的，为企业快速打开了消费市场并获得了一定的市场占有率。可见，产品定价是决定企业成败的重要因素，不仅关系到产品的利润、销量，更会直接影响企业的市场份额等。

表 1.1　部分企业产品定价案例

企业	定价方式	定价影响
亚马逊	动态定价，即根据对潜在客户的统计数据，如消费历史及上网行为等确定产品定价	蒙受经济损失，声誉受到损害
伟达	新产品高价高质策略	新产品滞销，大量积压，企业损失巨大
小米	以技术为本、性价比为纲，做最酷的产品，采取低价、降低利润率策略	打开了智能手机市场且市场占有率迅速提升
宜家	在产品设计之前，先设计价格。根据产品成本、竞争对手同等产品的价格及产品销售情况定价	在全球迅速扩张，成为全球最大家具家居用品商家

资料来源：根据相关案例资料整理。

（三）多特征的企业产品定价面临的主要问题

1. 定价理论不适应当前多特征的企业产品定价需求

产品和市场是密不可分的，产品生产的目的是满足市场需求，而市场环境的变化会影响产品的生产及销售等。近年来，创业企业数量不断增多，市场竞争日益激烈，对产品创新提出了更高要求。此外，市场中的策略消费者不仅关注产品能够带来的短期利益，更注重其未来的获利空间。新冠疫情的暴发使企业竞争更为激烈，消费者的消费更为谨慎。在企业和消费者的博弈中，定价问题常导致一方或双方利益受损，从而使交易无法持续进行，因此，企业需在利润和风险之间寻求平衡并对产品进行科学合理的定价。但产品不同，适用的定价理论不同。目前，常用的定价理论有经济效益理论、消费者选择理论及价值理论等，但这些理论只是简单地基于产品角度或市场角度，并未将二者结合形成系统研究，不适应当前多特征的企业产品定价需求。

2. 多特征的企业产品定价影响因素复杂性提升

企业产品多特征是企业产品创新的要求，也是市场的需求。产品的多特征特点给产品定价带来了一定困扰，使产品定价难度加大。另外，新冠疫情的暴发，也使消费者的消费更为理性、更讲究策略。企业产品多特征及消费市场急剧变化导致产品定价影响因素的复杂性提升。多特征的企业产品的定价影响因素主要有生产供给、消费需求、流通及投资，如图 1.1 所示。

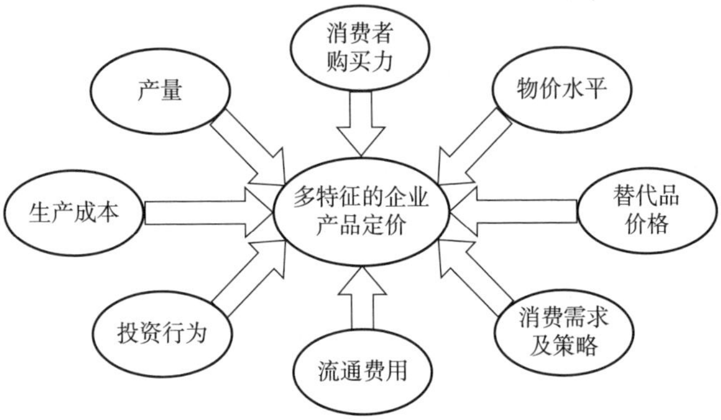

图 1.1　多特征的企业产品定价影响因素

(1) 生产供给视角下多特征的企业产品定价影响因素

投入要素的价格和数量是产品生产成本的决定因素，其变动决定着生产成本的高低，而生产成本是产品价格的主要构成部分，生产成本越高，产品价格也会越高，从而越会削弱产品的竞争力。生产成本由物资及劳动力成本等构成（李凤，2016）。产品的产量体现在产品的生产规模上，它通过影响市场供求导致价格波动。产量越高，供给量越大，产品价格越低；产量越低，则“物以稀为贵”，价格越高。对于普通产品，其生产成本较易衡量，但由于多特征的企业产品的多功能及属性，其生产成本较为复杂，计算难度也较大。

(2) 消费需求视角下多特征的企业产品定价影响因素

消费者购买力通过影响产品需求量来影响产品价格。消费者购买力越强，对产品的价格敏感度越低，对高价格产品的接受度越高。物价水平能体现产品的价格水平，常用 CPI 进行衡量。替代品价格会影响产品的需求量及价格。当替代品价格较低时，人们会增加替代品的购买量。市场上有短视消费者及策略消费者。短视消费者根据目前的消费需求做出购买决策，不会考虑产品未来的价值；而策略消费者不仅会考虑产品当前的价格，还会关注产品未来的价格等，以使自身利益最大化。对短视消费者来说，企业产品定价较为容易，不需要考虑消费者的跨期选择行为；而对策略消费者来说，往往会在产品价格走低时购买，企业和消费者之间的博弈要求企业在产品定价上讲究策略。

（3）流通视角下多特征的企业产品定价影响因素

流通是连接产品生产与市场消费的桥梁。产品的流通涉及诸多环节，随着流通环节的增加，产品的成本也会增加，但这也会为流通环节中的主体带来利润。市场中的流通主体较为复杂，流通环节各不相同，无统一的标准与形式。一般来说，产品生产越简单，其流通环节及涉及的流通主体相对越少；而随着产品复杂程度的提高，流通环节会越来越多，并且各流通主体都要确保自身利益最大化，因此对产品价格影响较大。此外，流通方式不同也会导致成本不同。商家采用线上营销模式，部分原因在于减少企业固定成本投入；不同产品运送方式会产生不同的流通费用，如生鲜产品需要及时、快速送达，因此对运送方式提出了更高的要求，无形中就增加了企业的流通成本。

（4）投资视角下多特征的企业产品定价影响因素

策略消费者不仅考虑产品当前的价格，更关注产品未来价格走势以及可带来的收益，因此存在一定的投资行为——在产品价格较低时购买，在产品价格较高时售出，以获得差价收益。此外，由于民间金融意识的觉醒，消费者手中有部分闲置资金可进行投资，在选择投资产品时，他们往往将投资收益同银行固定收益进行对比，从而投资收益更高的产品。近年来，投资产品种类日益丰富，不仅为投资者提供了更多的选择，也使投资者的投资热情高涨，因此企业在设计产品功能时，应同时关注策略消费者的需求，增加产品的投资价值。

3. 多特征的企业产品定价方法不适应动态多变的市场需求

随着产品特征及市场环境的动态变化，产品定价的智能性和时效性需要不断提升。目前，大多数企业产品的定价是基于成本分析与合理利润形成的基本定价，可根据市场供求的变化进一步调整价格并考虑企业与消费者之间的博弈关系。由于产品功能及属性日益丰富且生产环节越来越多，产品生产成本的计算难度不断加大，尤其是有投资价值的产品，存在价格泡沫的可能性极大。价格泡沫破裂会导致价格出现断崖式下跌，而传统定价方法无法预知风险及调整定价。此外，企业的合理利润并不是由企业一方决定的，产品定价需符合市场需求，但大多数企业产品定价的主观影响因素较多而智能性不足。企业虽存储大量数据，但主要为客户的浏览记录及购买记录等，可用于客户分析以及产品推广，并未将相关数据有效应用于产品定价。企业根据市场供求调整价格，往往是事后调节，存在一定的滞后性与盲目性。由此可见，多特征的企业产品定价方法不适应动态多变的市场需求，智能定价方法的提出及应用势在必行。

二、研究意义

多特征的企业产品体现了企业的创新能力，并且能够满足消费者的不同需求，从而增加有效需求。产品定价是决定企业成败的重要因素，不仅关系到产品的利润及销量，更直接影响产品的市场占有率等，对企业具有重要意义。目前的定价理论不适应多特征的企业产品的定价需求。多特征的企业产品定价影响因素复杂性的提升及定价方法不适应动态多变的市场需求是产品定价面临的主要问题。基于以上背景，本书以“多特征的企业产品智能定价方法”为研究主题，旨在解决多特征的企业产品定价问题。本书研究具有以下意义。

（一）理论意义

1. 完善与发展多特征的企业产品定价理论

产品定价理论及方法较多，不同产品适用不同的定价理论及方法。目前，常用的定价理论如经济效益理论、消费者选择理论及价值理论等仅面向单一产品或市场因素，不能满足多特征的企业产品定价需求。多特征的企业产品因其产品功能的多样性以及消费市场的复杂性，理论基础有所不同。特征价格理论主要从产品角度出发，指出产品价格由产品的特征决定，该理论主要应用于房地产及酒店等领域。虽然特征价格理论相对成熟，但在研究视角、研究领域及研究方法等方面还存在一些弊端及局限。在研究视角方面，有学者提出，房地产价格主要由建筑特征、区位特征及邻里特征决定，酒店价格主要受品牌、星级等特征影响。但随着产品的不断创新，产品功能已呈现出多样化的特点，如住房不仅能满足人们的居住需求，还是极具投资价值的产品，产品价格不仅取决于产品的基本特征，更取决于产品的其他特征。在研究领域方面，特征价格理论主要应用于房地产及酒店等领域，应用范围较窄。在研究方法方面，特征价格模型使用的方法主要是回归分析法，在变量的选择上存在多重共线性问题。本书将企业产品特征分为基本特征和其他特征。基本特征为产品的基本功能及属性，能使产品具有使用价值；其他特征使产品具有投资价值等。本书扩大了特征价格理论的适用领域，并采取不同的实证方法，以避免多重共线性问题。多特征的企业产品能满足消费市场的多样化需求，增加有效需求，但不同细分市场对产品的需求不同。本书以消费者可得利益作为市场细分的分类标准。特征价格理论基于产品角度，市场细分理论则基于市场角度，二者都可成为多特征的企业产品定价的理论基础。本书将以上两个理论结合，并在此基础上建立多特征的企业产品定价模型，以完善和发展多特征的企业产品定价理论。

2. 建立多特征的企业产品智能定价方法研究体系

大多数产品根据生产成本、市场供求、消费者与企业之间的博弈进行定价。这样定价存在极大的局限性：部分产品的生产成本较难衡量和计算；市场变幻莫测，根据供求情况调整的价格往往为事后调节，存在一定的滞后性和盲目性。根据研究背景及实际需求，本书提出多特征的企业产品智能定价方法，并通过多特征的企业产品定价模型建立与定价方法提出、基于产品角度的多特征的企业产品价格分析、结合市场角度的多特征的企业产品价格分析及价格影响因素指标体系建立、智能定价方法确定及产品最终定价四个部分，建立多特征的企业产品智能定价方法研究体系。与以往研究不同的是，本书基于产品角度和市场角度建立模型及价格影响因素指标体系，通过传统及智能定价模型训练确定智能定价方法，并结合价格泡沫风险等级和风险警情对产品进行最终定价。

（二）实践意义

1. 建立价格影响因素指标体系，企业可精准分析不同产品价格影响因素并调整定价

价格受供需因素及经济发展因素等的影响，但各影响因素的权重及影

响程度变化的不确定性是困扰企业已久的问题。由于产品的多特征及市场环境的变化，价格影响因素的复杂性不断提升。本书采用 TOPSIS 方法对价格影响因素进行研究，可以分析各影响因素的权重及影响程度变化；通过定价模型训练，可以得到基于不同影响因素组合的预测结果，进而得到预测精度最高的因素组合，从而进一步确定不同产品的价格影响因素，并基于相关因素的影响程度变化调整定价。

2. 识别及防范企业产品的价格泡沫，降低企业风险

部分产品具有的投资价值会导致产品出现价格泡沫，价格泡沫是产品价格的主要组成部分且对产品价格具有重要影响。国家高度重视资产泡沫问题，采取一系列举措进行风险识别、预警与防范，取得了一定的成果。但是，由于企业风险识别经验较少，风险预警及防范能力不足，往往在价格泡沫破裂后才采取行动，存在一定的盲目性与滞后性，会严重损害企业的利益。企业应正视价格泡沫存在的合理性，它虽然可为企业带来一定的利润，但也会带来较大风险——价格泡沫一旦破裂，将导致产品价格急剧下降，从而使企业受损。因此，企业应在利润与风险之间找到平衡点。本书研究有助于企业精准检测产品是否存在价格泡沫，从而采取相关措施应对，以规避风险及减少损失。

3. 为企业提供切实可行的定价思路及方法

产品定价是决定企业成败的重要因素，直接影响产品的销量及利润，甚至关系到企业未来的发展。企业大多根据以往经验及对市场的预判进行产品定价。以经验作为定价依据存在一定的盲目性与主观性，而对市场进行预判也会出现预判不准等问题。企业以营利为目的并追求利润最大化，但价格一味走高存在极大的风险与隐患，企业应平衡利润与风险，并建立完善、科学、智能的定价系统，从而减少定价的主观性和不确定性。本书提出的智能定价方法，可以为企业提供切实可行的定价思路及方法，能够应用于企业实践。

第二节　问题的提出

本书研究问题的逻辑关系如图 1.2 所示。

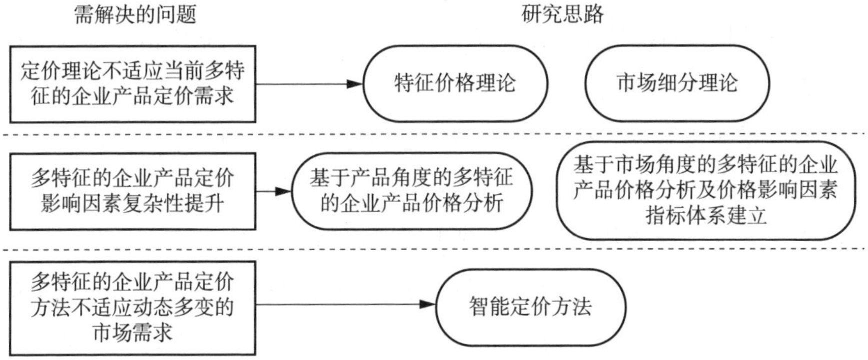

图 1.2　研究问题的逻辑关系

1. 定价理论无法满足当前多特征的企业产品定价需求，需确立多特征的企业产品定价理论基础

鉴于不同产品适用不同的定价理论，而常用的定价理论如经济效益理论、消费者选择理论及价值理论等仅面向单一产品或市场因素，不符合企业产品的多特征特点，不适应当前多特征的企业产品定价需求，本书将特征价格理论及市场细分理论确立为理论基础，并进行完善和发展。

研究思路如下：由于目前的定价理论不适应多特征的企业产品定价需求，本书基于产品角度和市场角度，将特征价格理论和市场细分理论作为理论基础。特征价格理论基于产品角度，市场细分理论则基于市场角度。本书通过 CiteSpace 对相关理论的研究趋势、热点及前沿进行初步分析，进一步对国内外研究与应用进行梳理和分析，明确了理论尚存的不足，并对理论进行了完善和发展。特征价格理论与市场细分理论为从产品角度和市场角度构建多特征的企业产品定价模型及定价方法的提出奠定了理论基础。

2. 多特征的企业产品定价影响因素复杂性提升，需从产品角度和市场角度进行价格分析并建立价格影响因素指标体系

企业产品多特征及消费市场急剧变化导致产品定价影响因素的复杂性提升。企业产品定价影响因素主要为生产供给、消费需求、流通及投资。而具有不同特征的产品，其定价影响因素也不同。本书分别从产品角度和市场角度分析多特征的企业产品价格，并在此基础上建立价格影响因素指标体系。

研究思路如下：本书首先从产品角度分析多特征的企业产品价格。产品的多特征使产品价值多样化，而部分产品具有的投资价值导致产品出现价格泡沫，价格泡沫是产品价格的主要组成部分且对产品价格有重要影响。因此，可通过构建 GSADF 模型，测度多特征的企业产品是否存在价格泡沫；进一步分析存在价格泡沫产品的价格泡沫长度、频度及强度，价格泡沫时间节点及时长；在实证研究的基础上，对价格泡沫出现的原因进行分析，从而初步确定价格影响因素；对存在泡沫期间与无泡沫期间的价格进行对比分析，可为后续研究奠定基础。从产品角度对多特征的企业产品价格进行分析是单一角度的初步分析，并未形成系统的结论。本书进一步从市场角度分析多特征的企业产品价格，并建立价格影响因素指标体系。采用 TOPSIS 方法，一方面，可以对多特征的企业产品价格影响因素权重进行排序，明确价格影响因素权重；另一方面，可以分析各因素对多特征的企业产品价格的影响程度变化，为企业调整定价奠定基础。

3. 多特征的企业产品定价方法不适应动态多变的市场需求，需确定智能定价方法并对产品进行最终定价

随着产品特征及市场环境的动态变化，产品定价的智能性和时效性不断提升，而目前多特征的企业产品定价方法的智能性不足且存在一定的滞后性，因此本书提出多特征的企业产品智能定价方法，以解决这一问题。

研究思路如下：基于产品角度和市场角度构建多特征的企业产品定价模型并提出定价方法，继而在价格分析及价格影响因素指标体系建立的基

础上对智能定价方法进行实证研究。但是，智能定价方法模型需同传统定价方法模型进行对比，才能体现其智能性及优越性。本书将 ARIMA 模型作为传统定价方法模型，将 TOPSIS-BP 模型和 GSADF-TOPSIS-BP 模型作为智能定价方法模型，并分别进行定价训练，从而确定采用智能定价方法，并从价格泡沫风险等级和风险警情两个方面对多特征的企业产品进行最终定价。本书提出的智能定价方法预测精度较高，相较于传统定价方法具有一定的优势。该方法时效性更强，可使企业提前识别风险并采取相应措施。

第三节　研究设计

一、技术路线

根据本书的研究背景、研究意义及提出的问题，以“研究背景—理论基础—模型构建及定价方法的提出—价格分析及价格影响因素指标体系建立—智能定价方法及实证研究”为研究脉络，制定技术路线，具体如图 1.3 所示。

二、研究方法

（一）文献分析法

本书采用文献计量工具及文献分析法，分别对特征价格理论、市场细分理论、多特征的企业产品相关研究、传统定价方法及智能定价方法相关文献进行梳理与分析，夯实了本书的理论基础。

（二）定性与定量分析相结合

定性分析方法虽存在一定的主观性，但也是不可或缺的分析方法。本书对多特征的企业产品出现价格泡沫原因的分析主要采用了定性分析方法，为后续建立多特征的企业产品价格影响因素指标体系奠定了基础。相

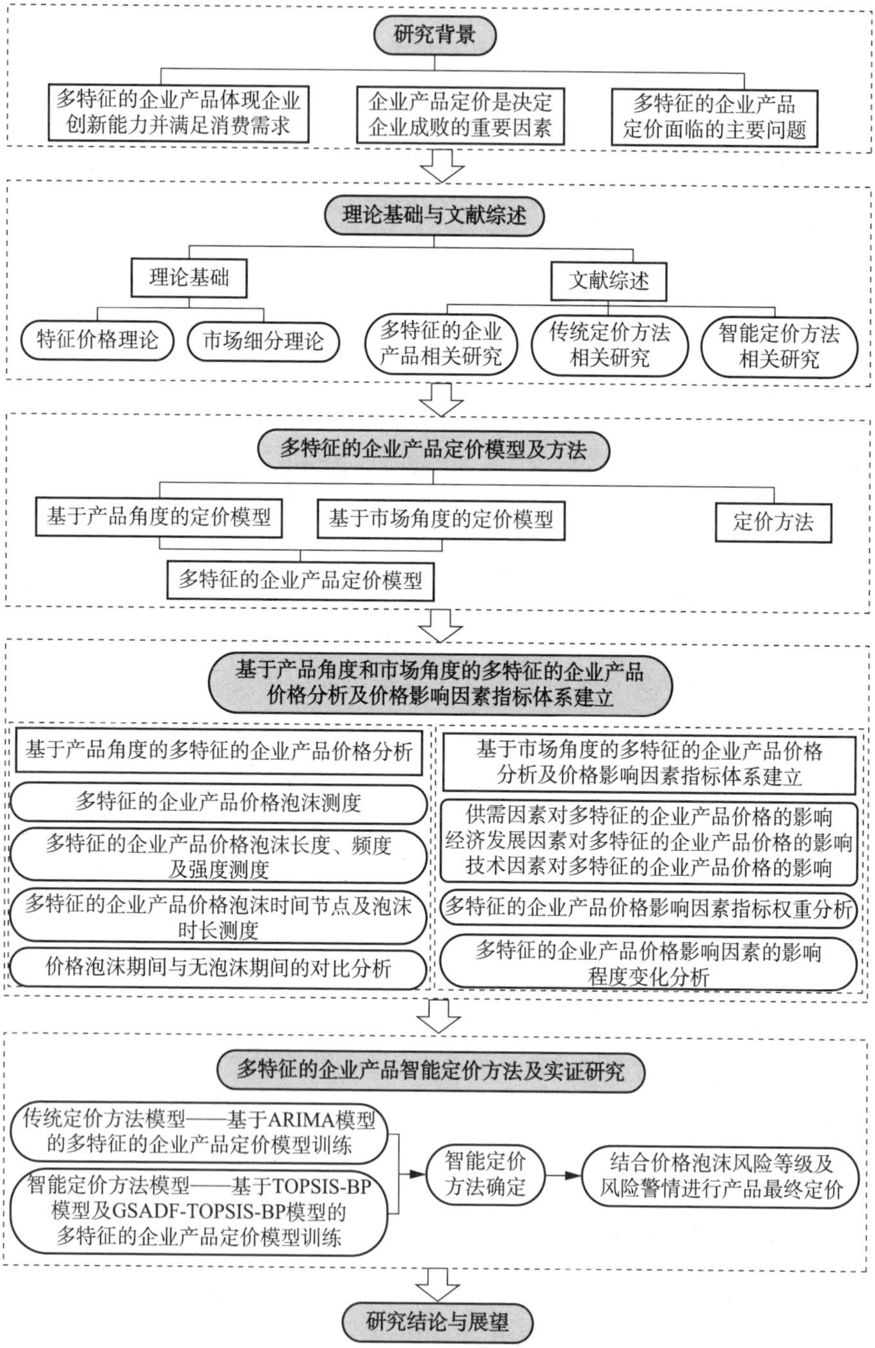
研究背景
多特征的企业产品体现企业创新能力并满足消费需求
企业产品定价是决定企业成败的重要因素
多特征的企业产品定价面临的主要问题
理论基础与文献综述
理论基础
文献综述
特征价格理论
市场细分理论
多特征的企业产品相关研究
传统定价方法相关研究
智能定价方法相关研究
多特征的企业产品定价模型及方法
基于产品角度的定价模型
基于市场角度的定价模型
定价方法
多特征的企业产品定价模型
基于产品角度和市场角度的多特征的企业产品价格分析及价格影响因素指标体系建立
基于产品角度的多特征的企业产品价格分析
多特征的企业产品价格泡沫测度
多特征的企业产品价格泡沫长度、频度及强度测度
多特征的企业产品价格泡沫时间节点及泡沫时长测度
价格泡沫期间与无泡沫期间的对比分析
基于市场角度的多特征的企业产品价格分析及价格影响因素指标体系建立
供需因素对多特征的企业产品价格的影响
经济发展因素对多特征的企业产品价格的影响
技术因素对多特征的企业产品价格的影响
多特征的企业产品价格影响因素指标权重分析
多特征的企业产品价格影响因素的影响程度变化分析
多特征的企业产品智能定价方法及实证研究
传统定价方法模型——基于ARIMA模型的多特征的企业产品定价模型训练
智能定价方法模型——基于TOPSIS-BP模型及GSADF-TOPSIS-BP模型的多特征的企业产品定价模型训练
智能定价方法确定
结合价格泡沫风险等级及风险警情进行产品最终定价
研究结论与展望

图 1.3　本书技术路线

比之下，定量分析方法更科学、客观，也是本书主要采用的研究方法——在价格泡沫测度、价格影响因素指标体系建立及定价模型训练中多次使用该方法，不仅体现在对样本数据的选择上，更体现在实证分析中。

（三）实证分析法

本书采用 GSADF 方法研究多特征的企业产品价格泡沫，采用 TOPSIS 方法分析多特征的企业产品价格影响因素权重及影响程度变化；将 ARIMA 模型作为传统定价方法模型，将 TOPSIS-BP 模型和 GSADF-TOPSIS-BP 模型作为智能定价方法模型，分别对三个模型进行定价训练并确定智能定价方法；结合价格泡沫风险等级和风险警情对产品进行最终定价。

（四）案例分析法

本书的研究对象为多特征的企业产品，因此需要选取具有多特征的企业产品，且选取的多特征的企业产品需具有一定的代表性；本书实证研究部分需要相关数据的支撑，因此选取了相关产品的价格及价格影响因素数据。采用案例分析法可使本书实证研究部分顺利完成，并充分体现出研究意义与研究价值。

（五）比较分析法

本书多次使用比较分析法，通过比较不同产品价格泡沫的特点，为后续价格影响因素指标体系的建立奠定了基础。此外，本书提出的智能定价方法的智能性及优越性只有在同传统定价方法进行比较时才能体现。通过比较分析，可知考虑价格泡沫因素才能提高预测精度，进而确定产品的智能定价方法。可见，比较分析法可为多特征的企业产品智能定价提供思路与方法，并进一步证明了智能定价方法的科学性与合理性。

第四节　研究内容

本书的主要研究内容如下。

1. 理论基础

基于本书的研究主题，首先，对本书的理论基础，即特征价格理论和市场细分理论，采用文献计量分析工具 CiteSpace 分析其研究趋势、热点及前沿，进一步梳理及分析国内外相关文献对该理论的研究与应用，在此基础上，寻求本书的创新点与突破点；其次，对多特征的企业产品、传统定价方法及智能定价方法相关研究进行文献综述；最后，分析特征价格理论和市场细分理论的不足，并提出完善与发展的建议。

2. 构建多特征的企业产品定价模型并提出定价方法

首先，构建基于产品角度的定价模型；其次，构建基于市场角度的定价模型；再次，根据第二章对理论的分析，将两个理论相结合，从而确定多特征的企业产品定价模型；最后，根据企业产品的多特征特点、消费者的逐利性及产品的金融化提出定价方法。

3. 基于产品角度的多特征的企业产品价格分析

产品的多特征特点使产品价值多样化，而部分产品具备的投资价值导致产品出现价格泡沫，价格泡沫对产品价格具有重要影响。构建 GSADF 模型，选取具有代表性的具有多特征特点的产品作为样本，测度其价格是否存在泡沫；进一步分析存在价格泡沫产品的价格泡沫长度、频度及强度，价格泡沫的时间节点及时长；在实证研究的基础上，对价格泡沫出现的原因进行分析，进而初步分析价格影响因素；对价格泡沫存在期间与无泡沫期间的价格进行对比分析，为后续研究奠定基础。

4. 基于市场角度的多特征的企业产品价格分析及价格影响因素指标体系建立

基于产品角度的多特征的企业产品价格分析是单一角度的初步分析，并未形成系统的结论。本书第五章进一步从市场角度分析多特征的企业产品价格并建立价格影响因素指标体系。通过对供需因素、经济发展因素及技术因素的系统分析，并结合研究样本的特点，选取 5 个一级指标及 16 个二级指标建立多特征的企业产品价格影响因素指标体系。采用 TOPSIS 方法，一方面，可以对多特征的企业产品价格影响因素权重进行排序，明确价格影响因素权重；另一方面，分析各因素对多特征的企业产品价格的影响程度变化，可以为调整定价打基础。

5. 多特征的企业产品智能定价方法及实证研究

本书第六章确定了多特征的企业产品智能定价方法，并进行了实证研究。第一，以 ARIMA 模型作为传统定价方法模型进行定价训练。第二，将 TOPSIS-BP 模型和 GSADF-TOPSIS-BP 模型作为智能定价方法模型并进行定价训练。TOPSIS-BP 模型预测精度不高，无法体现智能定价方法的智能性与优越性。第三，综合考虑产品价格泡沫因素构建的 GSADF-TOPSIS-BP 模型预测效果大幅提升，满足了本书的实证需求，从而确定产品智能定价方法。第四，使用智能定价方法并结合价格泡沫风险等级和风险警情，对多特征的企业产品进行最终定价。第五，基于价格影响因素的影响程度变化调整定价。

第五节 本书的创新点

本书的创新点主要体现在以下三个方面。

1. 完善与发展了多特征的企业产品定价理论

产品不同，适用的定价理论不同。目前，常用的定价理论有经济效益理论、消费者选择理论及价值理论等，都是单一基于产品角度或市场角度进行研究，而未将二者相结合形成系统研究。本书将特征价格理论和市场细分理论相结合，从产品角度和市场角度确立了产品定价的理论基础，既考虑了产品特点，又综合了市场因素。另外，相关理论在研究视角、研究领域等方面还存在一些弊端及局限性。本书进一步完善与发展了相关理论，提出产品除具有基本特征外还具有其他特征，这些特征共同影响产品价格，并建议扩大理论的适用领域，采用相关方法解决存在的问题。

2. 基于产品角度和市场角度建立多特征的企业产品价格影响因素指标体系，并通过智能定价方法进一步筛选与分析

价格影响因素指标体系是价格分析的基础。目前，产品价格影响因素指标体系的建立多是基于产品角度或市场角度，存在一定的片面性。选取的价格影响因素指标较多，无法进行精准分析。基于产品角度的多特征的企业产品价格分析是单一角度的初步分析，并未形成系统的结论。本书进

一步基于市场角度分析多特征的企业产品价格并建立价格影响因素指标体系，明确了多特征的企业产品价格影响因素权重及影响程度变化。虽然关于产品价格影响因素的研究较多，但本书进一步通过智能定价方法，对价格影响因素的不同组合方式进行了训练，从而得到价格预测精度最优的组合并确定了不同产品的价格影响因素，具有较高的学术价值和现实意义。

3. 确定多特征的企业产品智能定价方法

随着产品特征及市场环境的动态变化，产品定价的智能性和时效性不断提升。目前常用的智能定价方法存在智能性不足、预测精度较低、时效性不强等问题。本书在定价模型的基础上，提出多特征的企业产品智能定价方法，将企业、产品及市场的历史数据和对未来需求的预测结合在一起进行自学习，智能给出产品定价，可以为企业产品定价提供参考。首先，本书对企业产品进行分类，即将企业产品分为具有基本特征及使用价值的产品和具有其他特征及投资价值的产品两类，并基于产品角度和市场角度的定价模型构建多特征的企业产品定价模型；其次，从产品角度分析多特征的企业产品价格，通过对不同产品价格泡沫的检测，测度其是否存在价格泡沫以及价格泡沫的特点，初步分析价格影响因素；再次，从市场角度分析多特征的企业产品价格并建立价格影响因素指标体系，明确产品价格影响因素权重及影响程度变化；最后，通过定价模型训练确定智能定价方法并结合价格泡沫风险等级和风险警情对多特征的企业产品进行最终定价。本书构建的研究体系使企业明确影响价格的主要因素并根据相关因素的影响程度变化调整定价。企业可以识别产品价格泡沫风险，进而采取相关措施规避风险或减少损失。本书确定的智能定价方法，可为企业产品定价提供参考。

第六节　本章小结

本章基于研究背景，提出研究主题——多特征的企业产品智能定价方法，具有一定的理论意义与实践意义。具体来说，本书从多特征的企业产品定价理论基础确立、基于产品角度和市场角度的多特征的企业产品价格分析及价格影响因素指标体系建立、智能定价方法确定及产品最终定价等方面分别解决定价理论不适应当前多特征的企业产品定价需求，多特征的企业产品定价影响因素复杂性提升及定价方法无法满足动态多变的市场需求等问题。在此基础上，提出本书的研究设计，并采用相关研究方法对相关问题进行深入研究。最后，介绍了本书的创新点。

第二章

理论基础与文献综述

产品的价格由价值决定，人们对产品的需求基于产品特征或产品满足人们需求的能力。在不同的细分市场，人们的需求并不相同，为了满足消费者的个性化需求，企业的产品特征及价格也需要不断调整。目前，学术界对企业产品的定价方法，多是自上而下地进行分析，即从企业产品价格构成出发分析其定价方法，力求找出众多企业产品的共同特点及规律，但常常会忽略产品本身的特点及面临市场的特殊性。与此同时，有关学者提出的特征价格理论及市场细分理论为本书研究提供了理论基础。本书以特征价格理论和市场细分理论为基础，采用文献计量分析工具 CiteSpace 对相关理论和国内外文献进行分析，由关键词时区可知研究趋势，由关键词聚类可知研究热点，由关键词突变可知研究前沿。采用 CiteSpace 对文献大数据进行提取与分析，只能简单处理文章重复的问题，并不能有效解决文章质量问题，并且存在分析不够深入等弊端。因此，可以基于 CiteSpace 的分析，进一步梳理相关理论及国内外文献，形成更深刻的认知，并在此基础上寻求研究的突破点。本章对多特征的企业产品、传统定价方法及智能定价方法相关文献分别进行综述，进而提出本书的研究思路。

第一节　理论基础

本书以特征价格理论及市场细分理论为理论基础，在 CiteSpace 软件分析的基础上，对国内外相关研究进行深入分析。

一、特征价格理论

特征价格理论提出，人们对产品的需求源于产品的特征，特征数量决定产品效用水平的高低。每个产品特征对应一个隐含市场，产品市场由多个隐含市场组成。

（一）国外特征价格理论的研究与应用

特征价格理论研究可以追溯到1922年，汉斯将其应用于农地价格。Waugh（1928）以芦笋、番茄及黄瓜三种产品为例分析波士顿蔬菜市场，除对产品特征进行具体分析外，还加入了市场需求因素，并指出农民在生产产品时需要满足市场需求，产品的部分特征对价格影响较大。

国外对特征价格理论的广泛研究始于20世纪90年代，因此本部分基于1992—2021年发表的来自WoS的相关文献数据进行分析，检索关键词为“Hedonic price”，共获得4668条数据，有效数据4252条。1992年以后，国外学者以“消费”等为关键词开始对特征价格理论进行研究，“收入水平”“消费行为”“购买意愿”等逐步成为关键词，可见相关学者对消费者的研究越发清晰具体。

国外学者基于特征价格理论对房地产领域进行了较为全面具体的分析，之后，在2011年转移到旅游等领域，拓宽了该理论的应用范围。国外学者30年的文献成果经过综合聚类提取后，得到7个聚类结果，主要为“房屋价格”“空气质量”“房地产”等，仍围绕房地产领域。

1. 特征价格理论在房地产行业的应用

通过CiteSpace分析及进一步阅读国外相关文献，可知特征价格理论广泛应用于住宅特征和住宅价格关系的相关研究中。Lee和Denise（2002）、Andersson等（2010）、Geng等（2015）、Sun等（2016）、Berawi等（2018）全面总结了轨道交通、高速公路、地铁及通勤铁路对住宅价格的影响。Law（2017）以伦敦为例进行研究，提出可基于街道的位置衡量住宅价格，这比以区域为基础的衡量意义更大。Lieske等（2019）从交通角度分析道路连接性、密度、到公园及车站的距离等因素对住宅价格的影响。虽然交通对住宅价格的积极影响不容忽视，但其弊端也逐渐引起学者的关注。Bateman 等（2001）指出，道路噪声每提高 1 分贝，住宅价格就会下降 0.2%。

除此之外，有学者从教学质量及学生人均支出等方面对住宅价格进行了分析。Downes 和 Zabel（2002）构建了住宅价格模型，包括住宅特征、学校特征及其他特征等，并以芝加哥 1987—1991 年的数据为样本，研究学校特征对住宅价格的影响，得出学校质量影响住宅价格的结论。也有学者得出不同的结论。Walden（1990）构建了住宅价格模型，相比之前的文献，变量选取更加丰富，如包含陶瓷浴盆、墙纸等因素，在学校对住宅价格的影响研究中，得出初级教育水平对住宅价格的影响程度不及中学，对住宅价格影响最大的是高中。Brasington（1999）从研究样本数量、变量选取等方面进行了改进与完善，提出家长选择学校主要考虑的因素是学生群体等社会人口特征而不是成绩。

随着人们生活水平的提高，公园绿地与城市林地等逐渐成为影响住宅价格的主要因素。Liisa 和 Miettinen（2000）对萨罗与哈利科的住宅进行了研究，得出城市林地对住宅价格有一定影响的结论。Chan 等（1998）指出，距离公园或娱乐设施较近并不一定对住宅价格产生有利影响，因其带来的噪声及人员的不确定性等因素会在一定程度上抵消其有利影响。Moore 等（2020）以美国 113 个湖为研究案例，实证分析湖水质量对住宅价格的影响。Nepal 等（2020）提出，肮脏的邻里环境对住宅价格有消极影响，整洁卫生的邻里环境对住宅价格有积极影响。

在住宅特征价格分析中，有学者从研究样本及模型选择方面进行了不同的尝试，从而完善了该理论。Brasington 和 Hite（2008）在住宅特征价格模型中，除考虑住宅特征、邻里特征外，还加入了购买者特征，并对不同特征模型进行了实证研究，得出新模型的预测精度更高的结论。Hill 和 Melser（2008）通过不同公式及模型，对悉尼房价进行了实证研究。Hawkins 和 Habib（2018）通过时空特征价格模型，实证分析了多伦多房价的影响因素。Skenteris 等（2019）选取两个不同的区域，实证分析了风能对住宅价格的影响。Geekiyanage 和 Ramachandra（2021）提出，运营成本占商业建筑成本的 70%~80%，对建筑特征的掌握可以有效预测运营成本。Usman 等（2021）在分析住宅特征时，提出市场细分的观点，并在实证分析中进行了市场细分，实证结果表明，市场细分可以提高价格模型的精确度。

2. 特征价格理论在其他领域的应用

国外学者将特征价格理论进一步应用于包价游产品价格（Thrane，2005）、酒店入住率（Thrane，2007）、滑雪缆车票价（Falk，2008）、航空公司票价（Schwieterman，1995）和机场酒店入住率（Lee and Jang，2011）等方面。Juaneda 等（2011）对比分析了西班牙度假型酒店和公寓的价格影响因素，并得出不同因素对二者价格的影响存在差异。Soler 和 Gemar（2018）基于有关学者的研究，分析了影响酒店房间价格的因素。Fernandez 等（2019）在牛肉价格上涨近 10%的市场背景下，结合内因和外因两个因素构建特征价格模型，实证分析了牛肉价格的影响因素。Pettersen 和 Asche（2020）结合品质、大小及区域等因素，采用特征价格分析方法研究挪威鳕鱼市场。Yang 和 Dharmasena（2020）研究指出，消费者倾向于购买营养特征较强的饮品，主要影响因素有卡路里、蛋白质、脂肪及维生素等，该实证研究结果可以为相关从业人员提供参考。Ndindeng 等（2021）使用特征价格模型，实证分析贝宁的米市场，并提出相关建议。

（二）国内特征价格理论的研究与应用

国内学者的特征价格理论研究始于 20 世纪 90 年代之后。本部分基于来自中国知网的 1996—2021 年的文献数据进行研究，检索关键词为“特征价格”，共获得 1801 条数据，有效数据 1800 条。1996 年以后，国内围绕“房价”开始了特征价格的研究，这主要是由于政府停止了福利分房，个人成为房屋消费主体，而特征价格理论与这一消费热点完美契合。该理论同房价紧密结合，一时间成为研究热点。2003 年以后，基于住房价格影响因素的复杂性及交通便利程度的影响，学术界对“价格指数”“影响因素”“轨道交通”等进行了更深入的研究。2014 年以后，“学区房”等概念相继出现。国内学者 26 年的文献成果经过综合聚类提取后，得到 9 个聚类结果，主要为“住宅价格”“轨道交通”“影响因素”“房价”“房价指数”等，仍围绕房地产领域。

目前，国内的特征价格理论研究主要集中在特征价格理论的渊源和发展、特征价格理论应用于房地产价格指数研究及特征价格理论应用研究三个方面。

1. 特征价格理论的渊源和发展

贾生华、温海珍（2004）系统梳理了国内外特征价格理论的相关文献。罗晓娟（2012）分析了国内外特征价格模型及指数编制研究现状。罗晓娟、孔红缨（2012）通过对比国际房价指数主要编制方法，评价我国房价指数编制现状。程睿（2013）总结了特征价格模型的重要应用领域，进一步得出特征价格理论在我国有广阔应用空间的结论。王娟娟、毛博（2016）对模型的指标、形式、检验方法的选择和改进及多种数学统计模型应用进行了分析。

2. 特征价格理论应用于房地产价格指数研究

李国柱（2003）在分析我国房地产指数编制方法后，进一步提出我国城市房地产价格指数的编制设想。裘雨明（2004）研究了国外房地产价格指数编制方法，指出房地产价格指数对市场主体及政府来说是非常重要的市场讯息。他以"中房指数"及"国房指数"为例，评述了编制方法的缺陷，并提出推进我国房地产价格指数编制工作的建议。李启华等（2011）提出，采用半参数估计方法建立特征价格指数模型效果更优。顾光同（2012）以杭州新开楼盘为研究对象，通过实证研究得出半参数模型比半对数线性模型更优的结论。李欣点等（2018）建立了半参数特征价格模型。黎中彦等（2021）指出，传统的 Hedonic 方法无法处理特征的空间外部性问题，因此可将空间计量技术应用于 Hedonic 模型。张寅等（2021）将特征统计距离引入邻里特征因素，用增量空间自相关工具进行测算。

3. 特征价格理论应用研究

国内学者将特征价格理论应用于房地产领域，并从多角度进行了分析。竺荣梁（2011）将特征价格模型应用于杭州市二手房市场。洪世键、周玉（2016）采用特征价格分析法对厦门岛住宅市场进行了实证研究，深入挖掘教育资源对住宅价格的影响。刘青霞（2020）、高雅楠（2021）分别从中心城区景观可达性及交通噪声污染角度研究住宅价格。王方民

（2021）结合生活圈的公共服务设施配置情况，研究重庆市的房价。由于住房体制改革，国家大力培育和发展住房租赁市场。此外，共享住宿需求快速兴起且市场规模持续增长。王瑞（2019）、丁峰（2020）对集中式长租公寓租金的影响因素进行了实证分析。王悠（2020）对共享住宿价格影响因素进行了研究，并认可了特征价格模型的预测与解释能力。张甜（2020）遵循"共享住宿特征价格模型构建—日租价格影响因素—日租价格预测"的逻辑，对共享住宿日租价格进行了系统研究，其价格预测使特征价格理论的应用更深入，但预测分析部分稍显不足。陈健平等（2021）从文化、品牌、环境、硬件和服务特征五个方面对民宿价格影响因素进行分析。也有学者从全新的视角进行研究。温海珍（2005）着重强调并应用了市场细分的概念，将住宅市场分为多层和小高层。徐晋（2012）实证研究了西安地铁对细分市场的影响。王广飞（2013）基于特征价格模型，实证检验了天津地铁 1 号线对二手房和新楼盘细分市场的影响。杨云帆（2021）通过 Hedonic 模型分析贵阳二手房特征因素，并进一步建立了居民购房决策模型。

二、市场细分理论

通过对特征价格理论的研究可知，已有部分学者在特征价格理论中提出市场细分概念并在实际中应用，本部分进一步研究市场细分理论。

（一）国外市场细分理论研究

国外市场细分理论研究始于 20 世纪 90 年代。本部分基于 1990—2021 年发表的 WoS 相关文献数据进行研究，检索关键词为"Market segmentation"，共获得 1280 条数据，有效数据 973 条。1990 年以后，国外主要围绕"模型""竞争力"等进行市场细分研究，随后"消费者"等逐步成为相关研究重点关注的内容，可见该理论对消费者的研究越发清晰具体。国外学者 32 年的文献成果经过综合聚类提取得到 9 个聚类结果，主要集中在"消费者""竞争力""模型""神经网络"等方面，仍围绕市场和消费者进行研究，在方法使用上有一定的创新。

国外对市场细分理论的研究集中在两个方面：一是市场细分变量选

择，二是市场细分方法。

1. 市场细分变量选择

在市场细分变量选择方面，相关学者进行了研究。Tony（1986）认为，目前市场细分变量研究以消费者及产品为导向，以消费者为导向进行市场细分是理论界认可的细分标准，而以产品为导向进行市场细分是企业常采用的方法。从消费者角度来看，市场细分变量有人口统计、生活方式、行为、利益和价值五类。细分依据从最初的地理因素（包括地理区域、城市规模、人口密度、自然气候及资源分布等）转变为现在的以年龄等为主的人口统计变量。Lazer（1963）提出，按生活方式对消费者进行细分。Wells 和 Tigert（1971）从活动、兴趣和评价三个维度对生活方式的内涵做出了说明。行为细分变量中的顾客忠诚度是关键变量。Haley（1968）最先提出利益细分的概念，并指出细分市场存在的真正原因是人们消费某一特定产品寻求的利益。Young 和 Feigin（1975）通过利益链分析消费者购买行为和态度。菲利普·科特勒（2003）指出，以价值为基础的细分方法能使企业针对不同的细分市场制定不同策略。Verhoef 和 Donkers（2001）提出，客户价值分为当前价值和潜在价值，经理可以实行不同的策略，并进一步提出识别客户潜在价值的方法和模型。

2. 市场细分方法

在市场细分方法方面，相关学者进行了研究。Li 等（2013）细分了我国长途出境游市场，并采用典型相关分析进行实证研究。Carmen 和 Cristina（2014）采用案例研究方法，以 VIP 群体为例分析客户关系管理系统对企业市场细分的作用。Muller 和 Hamm（2014）基于德国 10000 多个居民户的调查数据，采用聚集分析方法研究了市场细分的稳定性问题并提出改进方法。Venter 等（2015）通过案例及访谈研究市场细分方法在实践中的具体操作，深入分析实践中存在的问题，并进行了对策研究。Kraenzlin 和 Nellen（2015）基于交易数据样本研究货币市场的细分问题，并分析了货币政策的影响。Chan 等（2016）使用粒子群优化算法进行市场细分。Wu 等（2018）基于改进的数据驱动框架分析房地产细分市场。Felbo-Kolding 等（2019）结合定量及定性方法细分劳动力市场。Jaiswal 等

（2021）基于人口统计、心理记录及行为特点，并结合问卷调查的方式进行绿色市场细分。Berbeglia 等（2021）基于多项分对数模型对在线平台进行了市场细分。

（二）国内市场细分理论研究

本部分基于中国知网 1990—2021 年发表的相关文献数据进行研究，检索关键词为“市场细分”，共获得 1748 条数据，有效数据 1748 条。1990 年以后，国内主要围绕“有效策略”“差异性”开展市场细分研究，可见市场细分同营销策略密不可分，而细分市场之间存在差异性。此后，学者关注的内容逐步发展至“市场群体”“产业结构”“消费群体”等。国内学者 32 年的文献成果经过综合聚类提取得到 9 个聚类结果，主要集中在“消费者”“聚类分析”“营销策略”“定价策略”等方面，仍主要对细分方法和策略进行研究。

国内对市场细分理论的研究集中于市场细分变量选择和市场细分方法两个方面。

1. 市场细分变量选择

在市场细分变量选择方面，相关学者进行了研究。齐丽云等（2009）基于人口统计变量和每人每月的平均消费水平建立移动通信业市场细分模型。朱洲、喻港（2009）基于人口统计和购买行为对我国奶制品消费市场进行了细分，其中购买频率为核心变量。王海忠、赵平（2004）基于消费者民族中心主义倾向进行市场细分研究。袁艳敏（2013）以顾客满意、顾客忠诚及客户价值为细分变量，对铁路旅客市场进行细分。王琛俊（2019）通过外部市场吸引力和企业内部资源构建目标市场评估模型。张子健、张泠泠（2021）基于消费者对互补品消费习性存在的异质性，对互补品消费市场进行细分。以上市场细分变量的选择主要基于消费者角度，但由于市场的多变性及产品的多样性，仅从消费者角度进行分析是片面的，部分学者从产品特点角度对市场进行了细分。杨海龙等（2013）在对消费者市场进行细分时，主要考虑产品品质、终端表现、品牌形象、便利、包装及价格等因素。钱丙益等（2014）结合安全、舒适、速度、频率、准点、价格及便捷等产品属性，对客运专线旅客市场进行了细分。马海涛等（2015）在对铁路客运需求主要影响因素进行分析后，对京沪高速铁路客运市场进行了细分，考虑的因素包括铁路产品特性。魏清晨（2021）对相关文献进行了理论综述，并提出超市场细分理论和反市场细分理论，从而引发了实践领域的思考。

2. 市场细分方法

在市场细分方法方面，相关学者进行了研究。徐凤琴、乔忠（2004）采用模糊聚类方法对需求特征相似的市场进行归类。刘军跃等（2004）将灰色关联度分析模型和聚类模型应用到市场细分中。王高等（2007）基于联合分析存在的弊端，进一步采用混合回归模型进行市场细分方法分析。蒋宁、吴春旭（2007）提出 K-Means 算法制约聚类效果，因此采用区间值数据动态聚类方法研究市场细分。王霞、包启挺（2008）以电热水器行业为例，采用新的聚类回归分析方法，即根据不同要素对满意度影响的差异进行市场细分。唐秋生等（2008）将层次分析与灰关联分析方法共同应用于公路货运市场细分。仲秋雁、莫佳卉（2008）提出，聚类算法有一定的缺陷，因此基于拓展自组织神经网络方法的思想进行市场细分，并以零售企业为例进行实证检验。秦海鸥、陶俊才（2009）基于粗糙集和自组织特征映射网络进行客户市场细分。杨倩倩（2015）根据旅客的订票行为和登记行为等进行聚类，通过扩展 K-Prototypes 算法提高聚类结果的有效性及时间效率。王景脉（2020）基于特征提取和加权分析方法细分乘用车市场。苏焕银等（2021）基于潜在类别模型细分城际高速铁路客运市场。

第二节 文献综述

本书对多特征的企业产品、传统定价方法及智能定价方法相关研究进行了文献综述，继而提出本书的研究思路。本书提出的智能定价方法中涉及的相关方法将在后面章节进行阐述和说明。

一、多特征的企业产品相关研究

目前，很多学者对产品特征进行了定义或解释。Yi 等（2003）将产品特征定义为产品的属性关系。刘通等（2016）将产品特征定义为产品要素、要素属性及产品属性三个维度。Popescu 和 Etzioni（2005）通过产品属性、产品部件属性、产品相关概念属性及产品的相关概念诠释产品特征。根据有关学者的定义或解释，产品特征主要体现为产品的属性和特点。本书对产品特征进行了具体说明和阐释，产品属性分类见表 2.1。

表 2.1　产品属性分类

分类标准	属性分类	作者及年份
产品层次	核心产品、一般产品、期望产品、附加产品及潜在产品	Kotler、Armstrong（1996）
产品维度	功能性属性与享受性属性	Voss 等（2003）；涂荣庭等（2007）
信息特征及价格水平	搜索品、体验品；低档、中档和高档	林晓丽（2016）
消费者在认知时比较和评估的角度	共同属性、可匹配属性和不可匹配属性	Markman、Loewenstein（2010）
消费者偏好标准一致性	垂直属性和水平属性	Sun（2011），Tang 等（2014）

资料来源：根据相关文献整理。

Kotler 和 Armstrong（1996）根据产品层次对产品属性进行分类，并指出，核心产品能够为消费者带来使用价值，一般产品是产品的外在形态和基本形式，期望产品是消费者期望得到的一整套属性和条件，附加产品是额外增加的服务和利益，潜在产品是有可能发展为未来最终产品潜在状态的产品。在产品维度划分中，功能性属性可以满足消费者的基本消费需求，而享受性属性可使消费者感到愉悦（Voss et al.，2003；涂荣庭等，2007）。根据信息特征，可将产品分为搜索品和体验品。对于搜索品，消费者通过搜索行为获取产品信息；对于体验品，消费者通过实际体验了解产品特征。根据价格水平，将产品分为低档、中档和高档（林晓丽，2016）。从消费者在认知时比较和评估的角度，可将产品属性分为共同属性、可匹配属性和不可匹配属性。共同属性即产品完全相同的属性，可匹配属性即产品维度相同但性状不同的属性，不可匹配属性即产品的特殊属性（Markman and Loewenstein，2010）。根据消费者偏好标准一致性，可将产品属性分为垂直属性和水平属性。垂直属性（质量属性）为明确产品标准的属性，水平属性（匹配属性）无明确的偏好标准且因人而异（Sun，2011；Tang et al.，2014）。以上研究主要从产品角度对多特征的企业产品进行说明，但也考虑了消费者因素。分类标准不同会导致属性分类不同，但也会产生产品之间界限不清从而导致分类不准等问题。为了使产品特征的分类更具普适性，本书将产品特征分为基本特征和其他特征两类。产品的基本特征是同类产品的共性特征，而产品的其他特征是产品独有且体现该产品独特性的特征。产品之所以具有多属性和多功能，企业可谓发挥了重要作用。企业不仅是产品的生产者，更是产品多特征的赋予者以及实现者。企业生产产品的最终目的是满足消费需求并获得利润，因此本书从市场角度，以消费者可得利益作为市场细分标准进一步说明产品特征。产品的基本特征使产品具有使用价值且能够满足消费者的基本消费需求；产品的其他特征使其具有投资价值等，从而能够满足消费者的个性化需求。根据学者的相关定义及分类，可基于产品角度及市场角度对多特征的企业产品进行定义，即企业生产的具有两种及以上属性或功能并能够满足消费者不同需求的产品。不同企业产品的特征不同。产品的使用价值和投资价值是相互联系的，基本特征和使用价值是基础和前提，其他特征和投资价值是扩展与补充。多特征的企业产品特征及价值如图 2.1 所示。

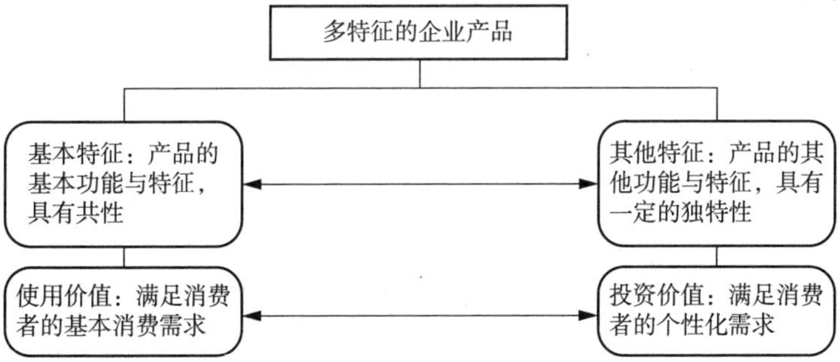

图 2.1 多特征的企业产品特征及价值

二、传统定价方法相关研究

成本、市场需求及竞争影响和制约产品价格。成本导向定价法根据产品成本制定价格，是最基本、普遍及常用的定价方法。市场需求导向定价法，是指企业以产品的市场需求情况及消费者对产品的感觉差异为依据对价格进行调整。竞争导向定价法，以竞争对手的产品价格为基础确定同类产品的价格。由于产品生产过程的复杂性提高等，成本导向定价法的计算难度加大且与消费者意愿支付的价格不一致；市场需求导向定价法虽根据市场需求调整定价，但往往是事后调节，存在一定的滞后性；竞争导向定价法中企业虽然会对标竞争对手，但各企业的实际情况不同，往往无法有效对标。以上定价方法只是对制造成本和市场销售情况的简单反映，无法体现产品价值及产品价格制定目标赋予的多重预期。本书整理了部分具有代表性的定价理论及方法，见表 2.2。

表 2.2　定价理论及方法

研究对象	定价理论	定价方法	作者及年份
自然资源	最优定价理论	动态定价方法及边际成本方法	Garcia-valinas（2005）
城市用水	经济效益理论	两部定价法	Sibly（2006）
商品	消费者选择理论	非线性定价方法	Desalvo、Huq（2010）
IPO	最佳销售机制	最优定价机制	Pichler、Stomper（2014）
IPOs	经济理论	回归分析方法	Harris（2018）
物流服务	基于交易、成本及收益共享等	柔性、刚性定价方法及成本加成法	谢天帅（2004）
供应链管理	供应链定价	定价问题的纵向研究、动态定价等	杨天剑（2004）
易逝性高科技产品	产品生命周期理论及定价理论	静态定价与动态定价方法	宋绍峰（2006）
药品	价值理论、商品价值与市场价格、市场失灵与政府管制、药物经济学	“批量式”药品定价思路与方法	郭朗（2012）
能源资源性产品	生态经济价值论、可持续发展观理论及环境承载力理论	综合评价方法、计量经济学方法、投入产出方法及局部均衡分析方法	韩君（2014）
公立医院单病种	准公共产品定价方法、单病种定价方法	全成本核算方法，基于改进的灰色案例推理的病种成本预测模型	段金利（2018）

续表

研究对象	定价理论	定价方法	作者及年份
服装产品	服装产品定价理论、双渠道供应链理论及多阶段定价策略理论	多阶段动态定价	张孟如（2021）
铁路货运	政府规制经济理论、非线性定价及两部定价	差别定价的两阶段复合定价方法	张梦迪（2021）

资料来源：根据相关文献整理。

通过对部分代表性定价理论及方法的整理，可知大部分定价方法是基于概念或定义推导出来的，虽然能够直接且准确地描述需要解决的问题，但在应用和计算上存在一定的缺陷，主要原因是方法设计上的局限性以及现有统计数据无法满足计算的需要。大多数企业将计算机科学和互联网技术仅应用于办公及产品销售中，尚未将其有效应用于改变传统定价模式及方法。随着产品特征及市场环境的变化，产品定价的智能性和时效性不断提升，传统定价方法逐渐不适应动态多变的市场需求，因此智能定价方法的运用尤为重要。

三、智能定价方法相关研究

传统定价方法由于自身的局限性，已不适应动态多变的市场需求。有关学者对智能定价方法进行了实证研究与探索，主要体现在智能定价算法及智能定价模型两个方面。

（一）智能定价算法

目前，常用的智能定价算法主要有遗传算法、粒子群算法和深度学习算法，相比之下，粒子群算法的相关研究较多，并且改进的粒子群算法更优。杜鹏（2014）采用遗产算法求解第一阶段近似最优价格。也有学者基于粒子群优化算法对定价进行优化（杨健维等，2018；王美艳，2021；丛野，2021）。郭娇（2021）基于改进的粒子群算法实证研究客运票价，显著提高了企业收益并验证了该算法的科学性和合理性。孙有发等（2021）基于深度学习算法对期权进行定价，实证结果表明，该算法精度更高且仿真路径数更少。

（二）智能定价模型

相比智能定价算法，有关学者对智能定价模型的研究更为深入。Hua 等（2004）、Mohamed 和 El-Hawary（2016）基于支持向量机预测模型研究产品价格。Niu 等（2010）更进一步，将支持向量机模型和自组织映射神经网络相结合，实现超前电价预测技术，为生产者及购买者提供建议。Qi 和 Zhang（2009）提出，改进的 SVM 方法预测效果更佳。吴虹、尹华（2010）基于 ARIMA 和 SVM 混合模型对石油价格进行预测。人工神经网络方法也逐步受到关注。Wang 等（2016）通过人工神经网络预测电力价格。Wang 等（2017）基于混合模型和萤火虫算法优化的 BP 模型，对多步超前电价进行智能预测。孙德杰（2017）基于 BP 神经网络和支持向量机构建智能预测模型的动态定价方法。孔德谦（2019）通过强化学习 LSTM 网络进行价格预测。鹿玉欣（2021）在机器学习方法中，采用 ANN 模型对期权进行定价。陈梦梦（2021）使用神经网络方法研究天气衍生品定价问题。杨刚、王文卓（2021）利用 ELM 模型并结合蒙特卡洛模拟方法实证研究气温衍生品定价。研究结果显示，ELM 模型预测精度高于 ARMA 模型和 BP 模型。侯宁（2021）在期权定价实证研究中提出，随机森林预测精度最高，Boosting 与支持向量回归次之，BP 模型误差最大。针对这一研究结果，侯宁认为，机器学习模型无法解释市场价格的理论含义，从而限制了定价能力。虽然智能定价方法受到一定的质疑，但谷歌、微软等公司已广泛运用该方法，小规模企业也逐步开始运用该方法。智能定价方法的运用有利于企业合理定价，提高运营效率及利润（何夏楠，2021）。目前，该方法已应用至多个行业，如汽油（Balmaceda and Soruco，2008）、电力（Faruqui and Sergici，2010）、体育（Bouchet et al.，2016）及在线零售（Fisher et al.，2018）等。将计算机科学及互联网技术应用到产品定价中，从而实现产品的智能定价，在一定程度上可以避免定性分析的主观性，并有效解决传统定价方法效果不佳的问题。

智能定价方法虽不断发展与完善，并广泛应用于诸多领域，但也有其弊端与局限性。有关学者通过大量的实证研究指出，其精确度低于传统定价方法，从而质疑其定价能力，而其精确度较低的原因主要是理论基础薄弱、数据异常且定价能力不足等。

第三节　文献述评

一、理论研究现状与不足

（一）特征价格理论研究现状与不足

本书以特征价格理论和市场细分理论作为理论基础。国外学者对特征价格理论的研究较为成熟且形成了系统的研究体系。我国学者在国外研究的基础上，从特征价格理论的渊源和发展、特征价格理论应用于房地产价格指数研究及特征价格理论应用研究三个方面进行了完善与发展，具有一定的突破和创新。但是，国内外研究尚存在一定的不足。在研究视角方面，特征价格理论多是基于产品的基本特征，尚未考虑产品其他特征及消费者投资需求等，虽在部分文献中有一定的表述，但分析尚不具体。随着企业产品种类及功能的多样化，产品已不局限于单一的基本特征及使用价值，应充分考虑产品的其他特征及投资价值等；另外，由于我国国情及市场的特殊性，应充分考虑我国民间金融意识觉醒导致的产品投资热情及需求的增长。在研究领域方面，特征价格理论主要应用于房地产及酒店等领域，应用范围较窄。在研究方法方面，特征价格模型使用的方法主要为回归分析法，在变量的选择上存在多重共线性问题。

（二）市场细分理论研究现状与不足

随着特征价格理论研究的深入，有关学者意识到不同细分市场的产品及价格不同，于是在研究中加入了市场细分因素，但市场细分理论与特征价格理论存在一定的割裂性且尚未形成系统的研究体系。因此，本书也将市场细分理论作为理论基础，从市场角度分析多特征的企业产品价格。通过梳理国内外相关文献，可知国内外学者根据不同的标准进行市场细分，但存在一定的不足。在研究视角方面，学者们多是从消费者角度进行细分，较少涉及产品角度，即使部分文献从产品角度进行分析，分析的深度也不够；以人口统计、生活方式、行为、利益和价值等作为细分标准，划分界限不清晰且可能存在一定的重合，从而导致分类不准。在研究领域方面，国内外研究多是基于某一产品或领域，存在研究领域过窄的问题。

（三）定价方法研究现状与不足

传统定价方法在应用和计算上存在一定的缺陷，主要原因是方法设计上的局限性以及现有统计数据不能满足计算的需要。随着产品特征及市场环境的动态变化，产品定价的智能性和时效性需要不断提升，传统定价方法不适应动态多变的市场需求，因此智能定价方法的运用尤为重要。智能定价方法虽在算法及模型上不断发展与完善，并广泛应用到诸多领域，但在部分实证研究中，其精确度低于传统定价方法，使其定价能力受到质疑。

二、研究思路

（一）理论基础构建、完善与发展

特征价格理论基于产品角度，市场细分理论基于市场角度，但目前这两个理论尚未形成系统的研究体系。本书将这两个理论确定为理论基础，通过对国内外研究文献的梳理与分析，明确现有理论的不足及在研究视角、研究领域等方面存在的局限性，提出以下研究思路：对于特征价格理论，在产品基本特征的基础上加入其他特征，以满足消费者的个性化需求；进一步扩大了特征价格理论的研究领域，使其能够解决普适性问题；为避免变量多重共线性问题，选择 TOPSIS 方法进行实证研究，进一步丰富了特征价格理论模型的实证方法。对于市场细分理论，本书在特征价格理论的基础上，以消费者的可得利益作为细分标准，将产品价值分为使用价值和投资价值等，避免了产品标准划分界限不清晰及重合问题；此外，扩大了市场细分理论的研究领域，使该理论更具普适性。

（二）智能定价方法的提出与确定

在传统定价方法不适应动态多变的市场需求的情况下，智能定价方法应运而生。但智能定价方法的定价能力受到诸多质疑。基于以上现状，本书构建了多特征的企业产品智能定价方法研究体系，将企业、产品及市场的历史数据和对未来需求的预测结合在一起进行自学习，智能给出产品定价。首先，本书构建多特征的企业产品定价模型；其次，从产品角度和市场角度分析多特征的企业产品价格，并建立价格影响因素指标体系；再次，通过传统定价方法模型及智能定价方法模型的训练结果确定智能定价方法；最后，基于价格泡沫风险等级及风险警情对产品进行最终定价。本书提出的智能定价方法解决了定价能力不足等问题。理论研究现状与本书研究思路如图 2. 2 所示。

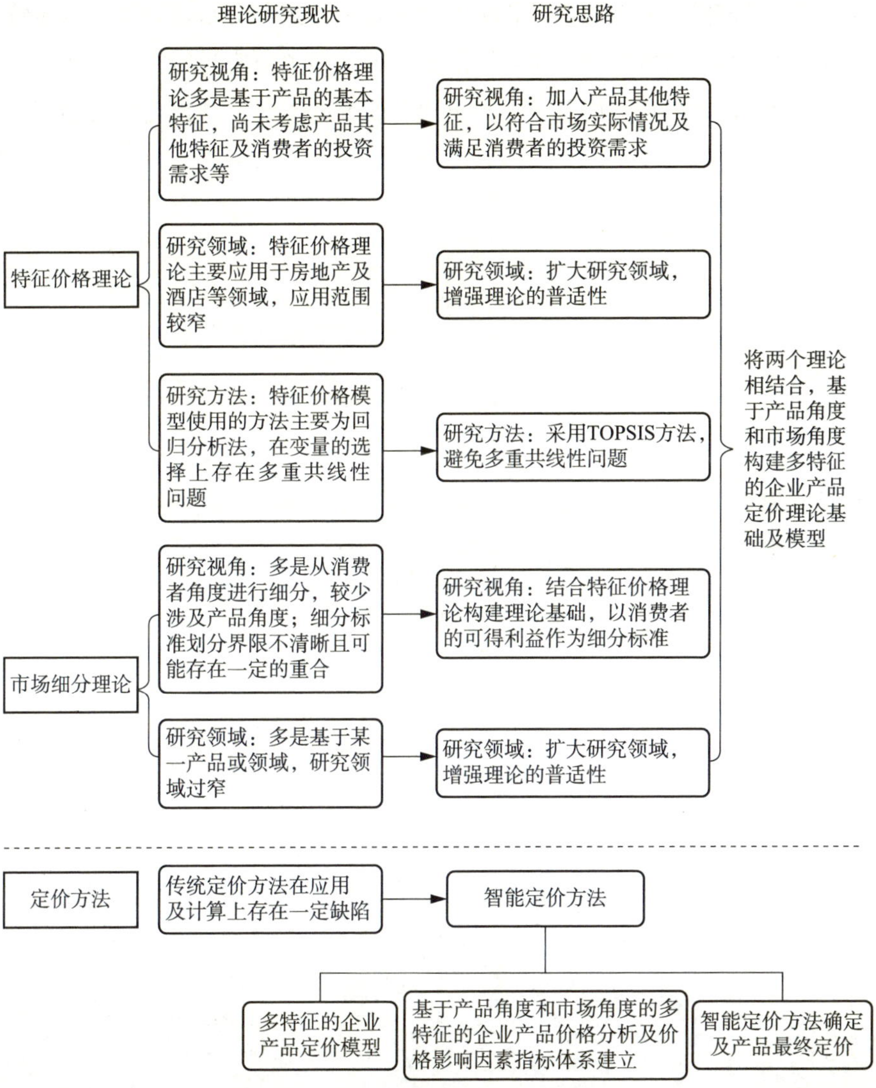

图 2. 2　理论研究现状与本书研究思路

第四节　本章小结

本章以“理论基础—文献综述—文献述评”为研究脉络。首先，将特征价格理论和市场细分理论确定为理论基础，这为基于产品角度和市场角度进行研究奠定了坚实的基础。此外，借助 CiteSpace 掌握理论研究的趋势、热点及前沿，并对国内外相关研究进行了阐述与分析。其次，对多特征的企业产品、传统定价方法及智能定价方法相关研究进行文献综述。最后，在分析国内外研究的基础上指出现有研究的不足，并提出本书的研究思路。

第 三 章

多特征的企业产品定价模型及方法

定价理论是定价模型及方法的基础，本书第二章结合特征价格理论和市场细分理论对本书的理论基础进行了阐释，特征价格理论基于产品角度，而市场细分理论基于市场角度，这两个理论为多特征的企业产品定价模型构建及定价方法提出奠定了坚实的基础。

第一节　基于产品角度的定价模型

特征价格模型通过模型的初步建立，选取相关价格影响因素指标并通过回归等方式最终确定模型，进而得到产品价格（付雪，2021）。特征价格模型为产品定价奠定了研究基础，但特征价格理论存在的弊端及问题也反映在特征价格模型上，其选取的产品特征为产品的基本特征，并未考虑产品的其他特征，从而导致影响因素指标的选取存在一定局限性。本节在特征价格模型的基础上进一步提出基于产品角度的定价模型，是对特征价格模型的完善与发展。

一、特征价格模型

根据特征价格理论，产品的价格由产品的特征决定，人们购买产品是因为产品的功能或属性能够满足人们的需求，可见该理论是从产品角度分析产品定价。市场上大多数企业生产的产品为异质品，即使是同一类产品，也往往会因企业品牌影响力及产品设计等不同而导致价格差异较大，而企业精心设计的产品能带来更高的利润及市场占有率。市场中这样的例子比比皆是：住房，因建筑、区位及邻里特征等的不同，其功能已不仅仅是单纯地解决人们的居住问题，更是成为身份的象征并具有增值空间及投资价值等；奢侈品如翡翠等，因产品质地、加工工艺等不同，其价格也截然不同。因此，企业注重品牌建设或在产品设计等方面增加投入，都旨在强化产品特征及提高产品竞争力，使其在同类产品中脱颖而出。根据特征价格理论建立的特征价格模型为

$$P^{+}=h(C_1,\ C_2,\ \cdots,\ C_n) \tag{3.1}$$

其中，P^{+}为企业产品价格；h 为效用；C_1，C_2，…，C_n 为产品的不同特征。当产品的某些特征改变时，价格也会发生变化。不同产品的特征及价格不同，这在第二章中已进行详细阐述，但基于研究需要，本节选取必须由企业生产且特征极具代表性的产品。表 3.1 整理了部分代表性企业产品及其特征，通过该表可以深入理解特征价格模型。

表 3.1　部分代表性企业产品及其特征

产品价格（P^{+}）	产品特征（C_1，C_2，…，C_n）	作者及年份
住房	建筑、区位、邻里特征与轨道交通、高速公路、地铁及通勤铁路等	Cockerill 和 Stanley（2002），Andersson 等（2010），Geng 等（2015），Sun 等（2016），Berawi 等（2018），郑捷奋、刘洪玉（2003），徐晋（2012），钟祥、宋鑫（2013），王广飞（2013）等
	建筑、区位、邻里特征与教学质量及学生人均支出	Downes 和 Zabel（2002），Walden（1990），Brasington（1999），洪世键、周玉（2016）
	建筑、区位、邻里特征与公园绿地、城市林地及景观视线	Liisa 和 Miettinen（2000），Chan 等（1998），Moore 等（2020），Nepal 等（2020）
酒店	位置、季节、距离、星级、规模及品牌等	Monty 和 Skidmore（2003），Espinet 等（2003），Juaneda 等（2011），Soler 和 Gemar（2018）
民宿	文化、品牌、环境、硬件及服务特征	陈健平等（2021）
轿车	空间、性能及燃油效率等	王皓、马翠花（2012）

资料来源：根据相关文献整理。

因为房地产涉及金额大、进入门槛高且需要良好的信用背书，所以只能由实力较强的企业生产及销售，不同城市及地理位置的住房价格不同，而且不同的房型、楼层及面积等特征导致价格差异较大。建筑、区位及邻

里特征为住房的基本特征。建筑特征包含建筑面积、房龄、所在楼层及装修状况等；区位特征包括交通状况，到市中心、主要景点及城市主干道的距离等；邻里特征包括生活、教育、休闲娱乐设施等。2000 年前后，消费者较为关注房地产的交通便利性，因此学术界主要研究交通工具及设施等特征对住房价格的影响；随着人们对教育质量的关注及重视，消费者在选购住房时主要考虑周边的教育资源，甚至在我国一度出现“学区房”“学位房”一房难求的局面；由于人们收入的增加及生活水平的提高，消费者对住房周边环境质量的要求也逐渐提高，公园绿地、城市林地及景观视线等成为影响住房价格的主要特征。住房已不仅仅单纯地解决人们的居住问题，更由于其具备的多特征而具有增值空间及投资价值，从而满足了消费者居住、投资等多方面需求。酒店和民宿能解决人们外出住宿的问题，但在特征上与住房存在一定的差别：酒店主要解决旅游或商务出差的住宿问题，其价格主要受位置、季节、距离、星级、规模及品牌等特征的影响；而民宿多是外出旅游者的选择，其价格受文化、品牌、环境、硬件及服务特征的影响，位置已不是影响价格的主要特征。有关学者对影响轿车价格的特征，主要从产品的空间、性能及燃油效率等方面进行分析。

二、基于产品角度的定价模型

特征价格理论存在弊端和局限性，导致特征价格模型在一定程度上制约了后续价格影响因素指标的选取，从而导致定价不准等问题。本书对特征价格模型进行了一定的完善与发展，由此建立了基于产品角度的定价模型：

$$P'=h(C_1,\ C_2) \tag{3.2}$$

其中，P'为企业产品价格，h 为效用，C_1 为产品的基本特征，C_2 为产品的其他特征。

第二节 基于市场角度的定价模型

企业产品定价不仅受到产品特征的影响，还受到市场的影响。有关学者在对产品特征进行分析时提出，市场细分对企业产品定价具有重要影响，不同细分市场的产品特征及价格也不相同，从而引出多特征的企业产品的市场细分问题。在市场细分相关文献中，小部分研究基于产品角度进行细分，大部分研究则基于消费者角度，研究内容主要是市场细分变量选择及方法，尚未过多考虑企业产品的多特征因素。鉴于本书的研究主题及目的，本节选取部分多特征的企业产品，在产品特征分析基础上进行市场细分，见表3.2。通过表3.2，可以深刻理解多特征的企业产品的不同市场细分结果。

表3.2　多特征的企业产品市场细分

产品	产品特征	市场细分	作者及年份
通勤公共交通	交通服务、安全性及使用目的	公共交通乐观者、潜在公共交通使用者、服务不满使用者、交通敏感旅行者、交通爱好者及交通反对者	Fu和Juan（2015）
汽车	产品功能及品牌	倾向新品牌者及倾向价格者等	Chan等（2016）
个人理财产品	种类、投资期限及收益等	一般客户、重要客户及未来潜力客户等	魏敏、田蕾（2006）
笔记本电脑	品牌、CPU、内存、硬盘及重量	价格敏感型、品牌价格敏感型、品牌价格内存敏感型、品牌敏感型及价格内存敏感型	王高等（2007）
奶制品	种类、口味及注重因素等	经常购买、较少购买及很少或不购买	朱洲、喻港（2009）
奢侈品	品质、工艺、知名度及品牌影响力	物质主义者、理性的功能主义者、过分的威望追求者及内向的享乐主义者	张昊、梦月影（2014）
高速铁路客运产品	安全、准时及方便等	高端、中端商务旅客，年轻经济型旅客与年长舒适型旅客	马海涛等（2015）
高速铁路产品	乘车日期、发车时段、出行距离、停站方式等	周末休闲型、临时混合型、计划公务型、临时公务型及老少休闲型	文佳星（2016）

资料来源：根据相关文献整理。

本节重点为基于市场角度的定价模型分析，因此选取部分代表性企业产品并避免从产品角度进行市场细分，着重体现从消费者角度的市场细分。根据本节选择的企业产品及市场细分结果，可知通勤公共交通及汽车基于消费者的偏好进行细分，个人理财产品基于消费者的消费实力进行细分，奶制品基于消费者的购买行为进行细分，奢侈品基于消费者的需求或可得利益进行细分，而高速铁路客运产品基于消费目的及消费群体特点进行细分。可见，不同企业产品的市场细分变量不同，但其共同点为其细分变量从过去单纯的人口统计变量转为以消费行为、目的及利益等为主。在相关文献中不难发现，企业及学者对消费者目的及利益的重视度越来越高，因此企业不断发掘及改进产品功能，以满足消费者的个性化需求。基于相关文献及部分多特征企业产品的特点，本节构建了基于市场角度的定价模型：

$$P^{*}=f(D_{1},\ D_{2},\ \cdots,\ D_{n}) \tag{3.3}$$

其中，P^{*} 为企业产品价格；f 为各细分市场的影响程度；D_1，D_2，…，D_n 为以消费者可得利益作为市场细分变量的不同细分市场。消费者基于企业产品的价值及产品的可获利性等做出购买决策。当产品的各细分市场及影响程度发生改变时，价格也会发生改变。另外，不同细分市场中的产品特征及价格也不相同。

第三节　多特征的企业产品定价模型构建

本章分别从产品角度和市场角度构建多特征的企业产品定价模型，但两个模型未形成一个整体。产品和市场是密不可分的，产品的不同特点满足细分市场的不同需求。从产品角度来看，企业产品的多特征可能是由于独特的原材料及质地等使产品自然地具备一些特征，即使产品具有多特征，从而在同类产品中脱颖而出；另外，企业基于利润及市场占有率等方面的考虑，在产品设计及生产过程中不断增加附加价值，如产品的深加工技术、精美的包装设计及企业的跨界合作等创新方式，使产品功能日益丰富，产品价值从单一的使用价值到具备一定的收藏及投资价值，从而成为消费者追捧和炒作的对象。从市场角度来看，除基于企业产品使用价值而做出购买决策的消费者之外，大多数消费者是基于企业产品的其他价值，如收藏及投资价值等发生购买行为，以期在未来获得可观收益，这类交易者包括战略投资者、套利者和噪声交易者。战略投资者掌握市场的长期走势且以获取市场的长期稳定收益为投资目的；套利者的目的是获取短期投机收益，他们利用市场价格偏离均衡价格机会套利，其交易数额足以影响市场走势并导致价格波动；噪声交易者不掌握任何信息，只是简单地追涨杀跌（Attari et al.，2005）。随着居民财富的积累，民间金融意识逐渐觉醒，但民间资本流入的投资领域有限，而企业产品的多特征特点符合民间资本的投资需求，因此成为民间资本投资的重要领域，从而使企业产品呈现出金融化特征。张成思等（2014）认为，金融化是指商品的金融属性逐渐增强，商品价格越来越不是取决于供需因素，而是取决于市场资金量大小；金融化演进过程相对稳定，金融化商品价格的形成及交易机制并不会因价格波动而出现过程中断。金融化过程最重要的特征就是定价机制和交易机制的转变，供求关系不再主导价格及其波动，由此带来市场上交易主体、交易规模及交易形式的变化（顾诚嘉，2018）。在金融化过程中，极易出现价格泡沫（骆镜华，2014）。从产品和市场两个角度构建多特征的企业产品定价模型如下：

$$P=V(h\text{SD}, f\text{ECO}, \cdots, m\text{TEC})+B(h'\text{SD}, f'\text{ECO}, \cdots, m'\text{TEC}) \tag{3.4}$$

其中，P 为多特征的企业产品实际价格；V 为其基本价值；B 为泡沫成分；SD、ECO、TEC 为影响企业产品基本价值及泡沫成分的因素；h、f、m、h'、f'、m'为各因素的影响程度。

第四节　基于定价模型的定价方法提出

本章从产品角度和市场角度构建了多特征的企业产品定价模型，通过对模型的分析，可知以供求关系等为基础的定价方法在适用性上存在一定问题，因此需根据实际情况的变化调整定价方法。产品的多特征特点使产品价值呈现出多样化，而部分产品具有的投资价值会导致价格泡沫的出现，价格泡沫是产品价格的主要组成部分且对产品价格具有重要影响，因此产品价格泡沫检测是必要的。本书第四章从产品角度分析多特征的企业产品价格、采用 GSADF 方法测度价格泡沫，并在价格泡沫测度结果的基础上，初步分析价格影响因素。基于产品角度的多特征的企业产品价格分析是单一角度的初步分析且未形成系统的结论，因此本书第五章从市场角度分析多特征的企业产品价格并建立价格影响因素指标体系，进而采用

TOPSIS 方法分析企业产品价格影响因素权重及影响程度变化。值得注意的是，并非所有企业产品都存在价格泡沫，企业的部分产品仍然具有使用价值且供求关系对价格起主导作用，这些产品的价格影响因素同存在价格泡沫的产品不同，需要区别分析。不同的企业产品价格泡沫测度结果及价格影响因素不同，这给企业产品定价带来一定的难度。传统定价方法已无法解决这一问题，因此企业需要采取智能定价方法进行定价。与传统定价方法相比，智能定价方法具有一定的智能性及优越性。本书第六章以 ARIMA 模型作为传统定价方法模型，将 TOPSIS-BP 模型及 GSADF-TOPSIS-BP 模型作为智能定价方法模型，并分别对这三个模型进行定价训练，从而确定采用智能定价方法。定价方法技术路线如图 3.1 所示。

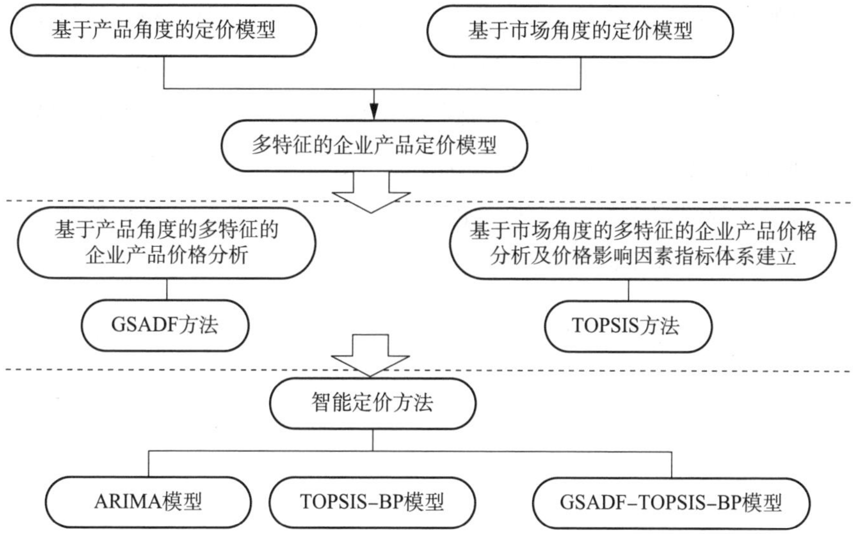

图 3.1　定价方法技术路线

第五节　本章小结

本章在第二章理论研究的基础上，分别构建了基于产品角度和市场角度的定价模型，并进一步构建了多特征的企业产品定价模型，为定价方法的提出奠定了基础。基于产品角度的定价模型，通过对特征价格模型进行分析，以及对部分有代表性的企业产品及其特征进行整理，对特征价格模型进行了更为深刻的阐释。特征价格理论仅考虑产品的基本特征，并未考虑产品的其他特征，由此建立的特征价格模型在一定程度上制约了后续价格影响因素指标的选取，从而导致定价不准等问题。因此，本书进一步提出基于产品角度的定价模型，并将产品特征分为基本特征及其他特征两类。但该定价模型仅是从产品角度进行分析，存在一定的片面性，因此在该定价模型的基础上，本章构建了基于市场角度的定价模型，该定价模型以消费者的可得利益为变量。本章在以上定价模型基础上构建了多特征的企业产品定价模型。定价理论及定价模型的不同会导致采用的定价方法不同。根据企业产品的多特征特点、消费者的逐利性及产品的金融化特点等，以供求关系等为基础的定价方法在适用性上存在一定问题，需根据实际情况的变化进行调整。本书分别从产品角度和市场角度分析多特征的企业产品价格并建立价格影响因素指标体系，将 TOPSIS-BP 模型、GSADF-TOPSIS-BP 模型作为智能定价方法模型，同传统定价方法模型 ARIMA 模型的训练结果进行对比分析，从而确定采用智能定价方法并对产品进行最终定价。本章定价模型的构建及定价方法的提出是基于第二章的理论基础，同时为后面章节做了铺垫。

第四章

基于产品角度的多特征的企业产品价格分析

通过上一章的分析，可知产品的金融化特点使其出现价格泡沫的可能性较大，而对多特征的企业产品价格泡沫进行研究是定价的基础。Kindleberger 和 Aliber（2005）提出，价格泡沫是指一种（一类）资产的价格在短期内迅速上升，而前期价格上涨会导致价格看涨预期，从而吸引更多以投机牟利为目的的买家，最终导致资产价值被高估及价格迅速下跌。对多特征的企业产品的价格泡沫进行研究，应明确价格泡沫检测方法，并选取科学合理的样本数据进行实证检验，从而分析多特征的企业产品是否存在价格泡沫，如存在，价格泡沫的长度、频度及强度如何，以及价格泡沫的时间节点及时长，并对价格泡沫出现的原因进行分析，进而初步确定多特征的企业产品价格的影响因素。

第一节　产品特征对价格的影响

张成思、刘泽豪（2014）将商品金融化分为两个阶段。第一阶段是普通商品向资本品过渡，处于该阶段的普通商品价格主要受供求影响，但由于资本的介入，市场需求由单纯的消费需求转变为消费及投资需求共存。随着投资量及市场参与者逐渐增多，商品的金融化属性逐渐增强。这一阶段可进一步分为低级阶段和高级阶段。低级阶段的商品如大葱及大蒜等，其价格主要由供求因素决定，没有形成大规模统一的市场且市场参与者较少，因此易于被少量资本操纵，使价格暴涨或暴跌。高级阶段的商品如棉花、白糖及高级茶叶等，已形成初具规模的交易市场，市场交易比较活跃并受到外围市场的影响，少量资金难以有效控制市场，价格常会出现较为温和的持续性上涨，一般仅为阶段性回调。第二阶段是资本品向金融产品过渡，代表商品如紫檀木等。在这一阶段，商品的实体属性仍存在，但其消费功能较弱，多数交易行为是出于投资动机。价格由主要受供求影响演变为受预期影响，市场资金环境影响交易行为，价格波动规律与股市及债市等金融市场较为一致，即资金充足时价格上涨，资金紧缺时则价格下跌。通货膨胀下的资金较为充足，若商品金融化程度过高，则会导致价格受资金面影响过大，价格进一步上涨将使通货膨胀加剧。

由于产品的金融化特点，其出现价格泡沫的可能性极大。资产价格泡沫在经济史上反复出现，对于金融稳定与经济发展具有极为重要的预警作用，也是从业人员制定经营策略的指导方针与政府调整政策的重要依据。价格泡沫通常伴随着资产价格“过山车”式的暴涨暴跌，历史上曾先后发生过多次引起经济社会巨大动荡和社会民众广泛关注的泡沫事件，如1637 年荷兰的“郁金香泡沫”，1711—1720 年英国的“南海”泡沫，1987 年、2000 年及 2000—2006 年美国的“黑色星期一”“互联网泡沫”“房地产泡沫”等。价格泡沫是产品价格的重要组成部分，且对产品价格具有重要影响，因此进行产品价格泡沫检测非常必要。

第二节　价格泡沫相关研究

一、价格泡沫检测方法

通过阅读及梳理国内外文献可知，价格泡沫检测方法主要有统计特征检验方法、方差界检验方法、West 两步法、单位根-协整检验、内生性泡沫检测方法及 GSADF 方法等，这些方法各有优劣。

统计特征检验方法通过分析资产价格收益率序列的统计特征，如自相关、偏度和峰度等，与投机泡沫一阶自相关、负的偏度和尖峰等特征联系，检验资本市场的投机泡沫情况。Blanchard 和 Watson（1982）、Santoni（1987）、Mcqueen 和 Thorley（1994）通过该方法证明了投机泡沫的存在。

该方法的优点是简单且易实现，可以避免复杂的数学模型和计量统计分析，但其弊端是准确性较差。

方差界检验方法的理论基础为有效市场假说。根据无套利定价理论，资产内在价值等于其未来期望现金流的折现和，若资产价格等于内在价值，资产实际价格方差应小于理性预期价值方差，若资产实际价格方差大于理性预期价值方差，则存在理性泡沫。Leroy 和 Porter（1981）、Shiller（1981）通过该方法分析泡沫问题。该方法存在小样本偏差和数据平稳性问题，有关学者虽提出了改进方法，但仍受到质疑。

West 两步法通过构建两种估计方法，估算股价与股利的回归系数。若二者估计结果接近，则无价格泡沫；若二者估计结果呈现出显著差异，则存在价格泡沫。West（1987）基于该方法实证研究了美国股票市场，实证结果显示，两步回归结果存在显著差异，从而证明美国股票市场存在价格泡沫。Dezhbakhsh 和 Demirguc-Kunt（1990）明确指出了 West 两步法存在的问题，并认为该方法不能有效证明价格泡沫的存在。

Diba 和 Grossman（1988）通过红利和资产价格的单位根-协整检验，判断是否存在爆炸性的理性泡沫。理性泡沫的指数增长不是平稳过程，且即使经过多次差分，仍不是平稳序列。因此，若资产价格在经过若干次差分后转变为平稳过程，则不存在泡沫成分，可通过检验资产价格和股利之间的协整关系进一步检验价格是否存在泡沫。

Froot 和 Obstfeld（1991）提出的内生性泡沫检测方法假设股利服从对数正态分布，对股利和常数项进行回归，若“股价/股利比”为常数，则无泡沫，若“股价/股利比”为非线性函数，则存在泡沫。采用该方法对美国股票市场进行实证研究，结果表明，标普指数存在泡沫。然而，众多学者对该方法的假设条件提出了质疑。

基于以上方法存在的弊端及局限性，后续学者进行了完善与发展。Phillips 和 Magdalinos（2007）在单位根过程理论方面取得了突破性进展。他们基于“中度偏离爆炸性”理念，区分单位根过程和（中度偏离）爆炸性过程。Phillips 等（2011）构建了基于右尾单位根检验（Right-tailed Unit Root Test）和递归回归（Recursive Regression）的上确界 ADF 统计量（Sup ADF Statistic），提高了对单位根过程和（中度偏离）爆炸性过程的辨别能力，并在爆炸性价格泡沫的识别和检测中取得了瞩目成就。该方法在样本存在多个泡沫，尤其是第二个泡沫大于第一个泡沫的情况下，辨别能力明显不足。Phillips 等（2015a，2015b）基于模型存在的弊端，进一步采用右尾双重递归回归（Right - tailed Double Recursive Regression），构建了 GSADF 统计量。该方法相较于之前的方法，能够有效区分价格序列中的单位根过程与爆炸性过程，从而有效识别和检测商品价格泡沫，并且对样本期内具有多个泡沫存在的序列检测效果较好，解决了原有方法存在的问题。

二、价格泡沫检测方法应用领域

价格泡沫一直是一个有争议的研究领域。随着检测方法的改进与完善，学者将 GSADF 方法应用于众多领域。Fantazzini（2016）将 GSADF 方法和 LPPL 模型相结合，实证测度石油市场价格泡沫情况，实证结果显示，石油市场存在价格泡沫。Almudhaf（2017）通过 GSADF 方法检测非洲股市价格泡沫情况。马晓刚、李欣（2017）通过递归的 SADF 检验和 GSADF 检验分别检测了猪肉价格泡沫，根据检测结果，在剔除通货膨胀因素前后，猪肉价格出现了三次价格泡沫。李剑等（2018）实证测度了六种代表性商品的期货市场价格泡沫，实证结果显示，商品期货市场的价格泡沫程度总体可控且剧烈泡沫主要发生在金融危机期间。刘曙光等（2018）测度了国际航运价格泡沫，得出了国际航运价格共存在四个泡沫时期的结论。徐乐、赵领娣（2018）运用 GSADF 方法分别实证研究了四种有色金属期货的价格泡沫，结果表明，四种有色金属期货均存在价格泡沫，但其价格泡沫持续时间及频率存在一定的差异。王锦（2019）基于扩展 GSADF 方法测度苏南地区住宅价格泡沫，研究结果显示，苏州及镇江的住宅价格泡沫较少，而南京、无锡及常州三地则存在两个以上泡沫时期。

经过多年的理论发展和模型完善，对于资产价格泡沫，学术界已经形成了成熟的研究体系和研究方法，但有关学者的研究对象主要集中于航运（Punel et al.，2018；Triepels et al.，2018）、农产品（祁华清等，2015；贺文慧，2016；李剑、李崇光，2017；李剑等，2019）、房地产（石广平，2018）、股票（尹力博、柳依依，2016）及其他领域（瞿强，2007；谢飞、韩立岩，2012）。

第三节 样本分析与选取

处于商品金融化第一阶段中低级阶段的产品，尚未形成大规模统一的市场且市场参与者较少，少量资本的介入就会导致价格暴涨暴跌，带有一定的偶然性及不可预见性，其价格涨跌多受供需因素的影响；处于第二阶段的产品，虽然金融化属性更强且更多是基于投资需求，但价格会受到一定的限制，如房地产等的价格受到政府的管制。相比之下，处于第一阶段中高级阶段的产品更具普适性及代表性。首先，该类产品价格既受供求关系的影响，又受投资行为的影响；其次，该类产品受到企业的青睐，是企业重点打造及主推的产品，能够为企业带来较为可观的利润，企业的信用背书使产品在市场中的认可度及信任度更高；最后，该类产品的金融化程度尚未引起政府重视，政策效应不明显。基于研究主题，同时考虑实证需要，本书更适宜选取处于第一阶段中高级阶段的企业产品，在样本选择上，需体现企业产品的多特征特点，交易市场已形成一定规模且各细分市场的特点不同。综合考虑多种因素，本书选取普洱茶作为研究对象，并在众多普洱茶产品中选取被誉为“价格风向标”及“晴雨表”的 DY 企业的四款产品的价格数据作为样本数据。

一、样本分析

普洱茶为云南地理标志产品，其品牌价值居全国前列。2020 年，云南省茶园种植面积 699. 9 万亩①，占全国茶园面积的 16. 6%；普洱茶年产量 20 万吨，占云南省茶叶产量的 45. 0%，占全国茶叶产量的 6. 6%；普洱茶行业从业人员 1100 多万人，约占云南省人口总数的 1/4。普洱茶对中国茶产业及云南经济的发展具有重要意义。普洱茶在产地、品种、种植方式、加工工艺及包装设计等方面的差异使其价值不同，因普洱茶产地范围广、加工工艺烦琐且水平参差不齐等，无法对其特征进行全面阐述，但产品特征最终体现为产品价值，因此对其产品价值及细分市场进行分析。

---

① 1 亩≈666. 67 平方米。

普洱茶的价值具体体现在以下五个方面：①食用价值。将普洱茶和其他食材融合在一起，可制作出颇具特色的菜肴。②药用价值。普洱茶具有抗氧化、降血压及减肥等功效。港澳地区消费者将其称为“养生之妙品”“不可一日无”的保健饮料，东南亚、日本和西欧消费者将其称为“美容茶”“减肥茶”“益寿茶”。③品饮价值。普洱茶的汤香是其核心品饮价值，可通过味觉、触觉、视觉及嗅觉等感知。④文化价值。普洱茶是我国传统名茶，有着深厚的历史文化内涵及底蕴，代表“茶马文化”及“马帮文化”。普洱茶文化体现了云南民族文化的包容性、开放性和兼容性。⑤投资价值。普洱茶在适当的环境下保存，年代越久，市场价格越高。普洱茶越陈越贵的市场价值与收藏品中长线投资的特点相契合。由此可见，近年来普洱茶的走俏，绝非一时的炒作行为，而是因为它符合现代社会集藏投资的需求，这种需求使其在众多产品中脱颖而出，成为一种新兴的藏品投资对象。

普洱茶的食用价值与药用价值比其他三个价值弱，在市场上很容易找到替代品。基于其价值特点及其可为消费者或投资者带来的利益，普洱茶消费市场可分为礼品市场、拍卖市场、收藏市场和终端市场。礼品市场是部分高端产品的主要销售渠道。拍卖市场在我国尚不成熟，往往是借助名人及重大事件的影响力增加产品附加价值。收藏市场是普洱茶的主流消费市场且是推动普洱茶发展的动力。收藏市场增加了普洱茶的需求量并吸引更多资金进入。但是，收藏者对普洱茶收藏价值的判断往往不够精准，对行业发展趋势也无深入分析，收藏行为带有很大的盲目性和随意性。普洱茶的收藏需求可分为自用型收藏需求和投资型收藏需求。前者是为了未来自用（自己品饮或者送礼等），后者则是为了将来卖出获利。终端市场为提供品饮服务的场所及销售茶叶的茶馆和企业等，这是普洱茶形象得以对外宣传并确立品牌的基地。在礼品市场、拍卖市场及收藏市场，消费者和投资者多是基于产品的投资价值做出购买及投资决策；终端市场则更注重产品的消耗，即把普洱茶作为消费品进行销售，因此主要基于产品的使用价值，而无须过多考虑产品的投资价值。但是，该市场细分方式存在分类重叠且界限模糊的问题，如礼品市场及拍卖市场中的产品交易者也有可能出于收藏目的。因此，本书在该市场细分的基础上，根据消费者的利益需求将普洱茶市场分为消费市场和投资市场。在消费市场中，消费者基于产品的使用价值做出购买决策；而在投资市场中，投资者更多是基于普洱茶的投资价值做出投资决策。样本产品价值与细分市场如图 4.1 所示。

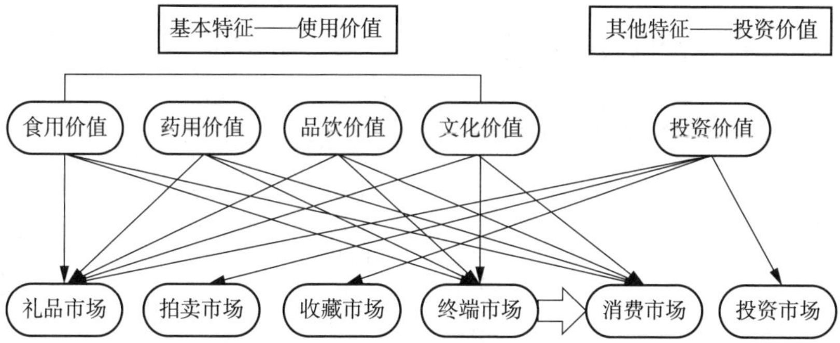

图 4.1 样本产品价值与细分市场

二、样本选取

DY 茶业集团（简称“DY 企业”）是中国集生产、销售于一体的现代化大型茶业企业。DY 企业的两款产品——DY7542 及 DY7572 是行业的标杆产品，被誉为“价格风向标”及“晴雨表”。本书选取四款 DY 企业的普洱茶产品为样本，即基于每年生产的 DY7542 生茶、每年生产的 DY7572 熟茶、2011 年生产的 DY7542 生茶及 2011 年生产的 DY7572 熟茶在 2012 年 6 月 12 日—2020 年 12 月 27 日的周度价格数据进行分析。其中，每年生产的 DY7542 生茶为产品一、每年生产的 DY7572 熟茶为产品二、2011 年生产的 DY7542 生茶为产品三、2011 年生产的 DY7572 熟茶为产品四，样本囊括了新茶及中期茶（已存储 10~15 年的茶叶）、生茶及熟茶，每款产品有 446 条价格数据，共计 1784 条价格数据，来源于中国普洱茶网。产品一及产品二为 DY 企业每年生产及主推的新产品。产品一是生茶，无产品二的人工渥堆发酵工艺，刺激性较强，需要存放一定时间才具有品饮价值，升值空间及存储价值较大，比产品二更具投资价值；产品三及产品四性价比较高、适宜品饮且升值空间及存储价值不大，主要为日常消费产品。本书以产品一和产品二为投资市场的代表产品，以产品三及产品四为消费市场的代表产品。

第四节　样本价格波动特征及描述性统计

一、样本价格波动特征

四款产品样本期内价格波动特征如图 4.2 至图 4.5 所示。

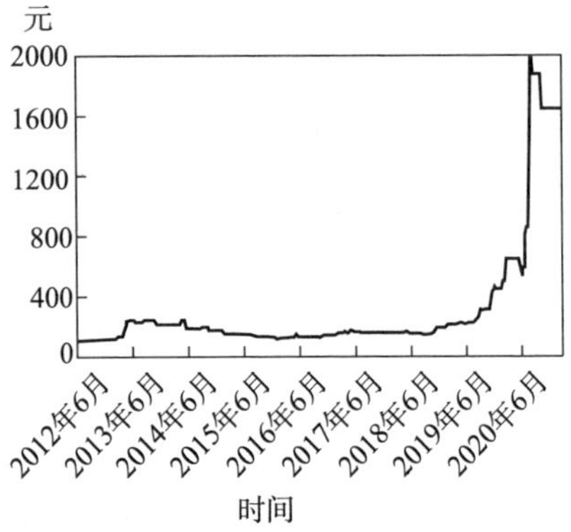

图 4.2　产品一样本期内价格波动特征

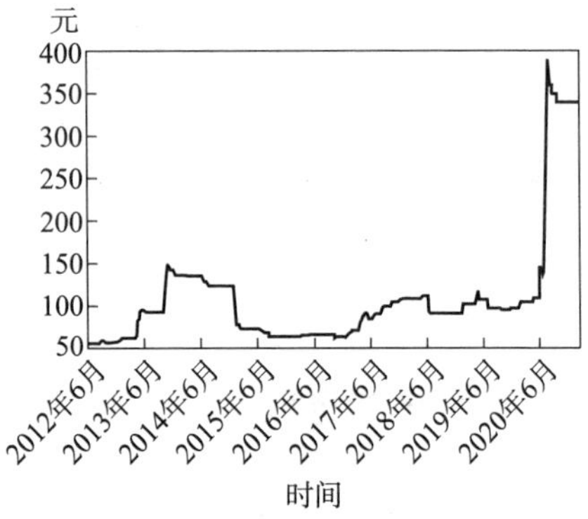

图 4.3　产品二样本期内价格波动特征

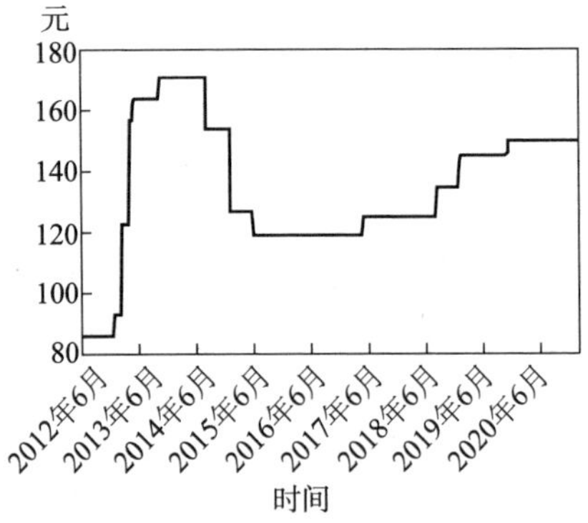

图 4.4　产品三样本期内价格波动特征

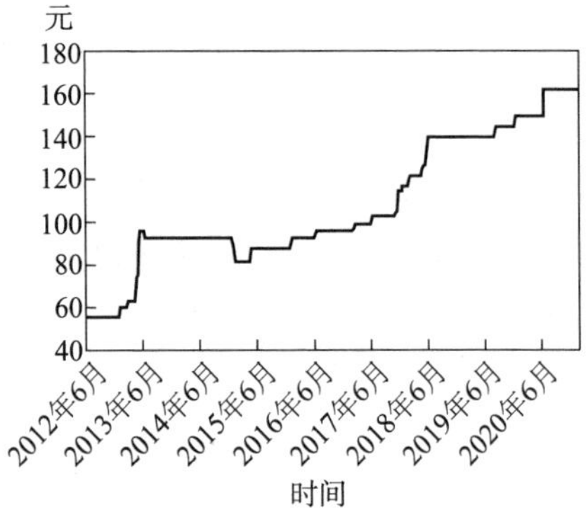

图 4.5　产品四样本期内价格波动特征

由图 4.2 至图 4.5 可知，生茶的价格均高于熟茶，这符合人们“喝熟茶、品生茶、藏老茶”的消费习惯。普洱熟茶在加工时比生茶多了发酵工序；而生茶未经过发酵，后续变化空间更大，在价值上相对于熟茶具有一定的优越性。普洱茶的需求主要包括消费需求、自用型收藏需求及投资型收藏需求，正如张成思等（2014）提出的观点，高级普洱茶处于商品金融化第一阶段的高级阶段，相比房地产市场等还不成熟，投资需求会引起价格波动，但投资者更看重的是每年生产的新品，因其后期变化空间、投资价值及获利空间较大。此外，企业在推出新品时出于销量等方面的考虑，往往会加大在宣传推广等方面的投入力度，因此每年生产的新品比2011年生产的产品价格更高。

二、样本价格描述性统计

本章对四款产品的价格进行了描述性统计及单位根检验，结果见表4.1、表4.2。

表4.1　四款产品价格描述性统计

产品	平均价格（元）	最高价（元）	最低价（元）	价格波动率（%）	标准差	偏度	峰度
产品一	308.70	1980.00	109.00	1817	404.16	2.99	10.85
产品二	109.38	390.00	57.00	684	68.15	2.76	10.07
产品三	134.58	171.00	86.00	199	22.19	-0.26	2.70
产品四	108.22	162.00	56.00	289	30.11	0.24	2.08

注：价格波动率是指样本周期内最高价与最低价之比。

表4.2　四款产品价格单位根检验

产品	检验指标	原始序列			一阶差分		
		ADF	PP	KPSS	ADF	PP	KPSS
产品一	t统计量	0.818	0.451	1.020	-6.625	-15.361	0.337
	P值	0.994	0.984		0.000	0.000	
产品二	t统计量	-0.237	1.114	0.767	-7.521	-9.249	0.281
	P值	0.930	0.997		0.000	0.000	
产品三	t统计量	-2.178	-2.154	0.256	-17.694	-17.685	0.262
	P值	0.214	0.223		0.000	0.000	
产品四	t统计量	-0.663	-0.573	2.425	-11.645	-17.644	0.077
	P值	0.853	0.873		0.000	0.000	

从价格波动率来看，样本期内波动最剧烈的产品是产品一，波动率为

1817%，其次是产品二、产品四，波动最小的是产品三，波动率仅为199%。从价格的时间分布来看，四款产品的最低价均出现在样本初期，产品一的最高价出现在2020年6月8日—2020年6月21日，产品二的最高价出现在2020年6月8日—2020年6月21日，产品三的最高价出现在2013年10月14日—2014年8月3日，产品四的最高价出现在2020年5月18日—2020年12月27日。三款产品的价格序列有正的偏度，说明价格有向上跳跃的趋势并且可能存在价格泡沫；一款产品存在负的偏度，说明可能不存在价格泡沫。单位根检验的结果说明，四款产品的价格是I（1）序列，运用传统的单位根检验识别泡沫并不合适。因此，本书根据Phillips（2015a，2015b）的研究，采用GSADF方法识别价格泡沫。

第五节　模型构建与检测方法

一、模型构建

产品价格由泡沫与实际价值两部分构成，因此可以表示为

$$P_t = \sum_{i=0}^{\infty}\left(\frac{1}{1+r_f}\right)^i E_t(D_{t+i} + U_{t+1}) + B_t \tag{4.1}$$

其中，P_t 为 t 时期的产品价格，r_f 为无风险利率，D_{t+i} 为产品在 $t+i$ 时期的收益，U_{t+1} 为未知因素，B_t 为产品价格中的投机泡沫。理论上，投机泡沫 B_t 满足爆炸的下鞅性质，若产品价格出现爆炸现象，则证明存在泡沫。

二、检测方法

参考Phillips等（2015a，2015b）的观点，商品期货价格泡沫服从下列过程，即 $P_t=\gamma T^{-\eta}+\rho P_{t-1}+\varepsilon_t$，其中，$\gamma$ 为常数，T 为样本量，$\eta>1/2$，ε_t 服从独立同分布假设。在原假设条件下（$\rho=1$），P_t 服从随机游走过程。相应地，在备择假设下（$\rho>1$），商品价格序列中含有爆炸性过程（价格泡

沫)。通过设置可变窗口的双重递推方式对商品价格序列进行序贯检测,检测泡沫是否存在,如存在,估计泡沫起止时间。该方法步骤如下:

第一,构建 GSADF 统计量,对产品价格序列价格泡沫是否存在进行检测。GSADF 统计量定义为

$$\mathrm{GSADF}(r_0)=\sup_{r_2\in[r_0,1],r_1\in[0,r_2-r_0]}\{\mathrm{ADF}_{r_1}^{r_2}\} \tag{4.2}$$

其中,r_0 表示能够保证估计有效的最小样本窗口序列,$r_0\in(0,\ 1]$;r_1 表示样本窗口序列起点;r_2 表示样本窗口序列终点。因此,ADF_{r1}^{r2}表示根据选定窗口序列观测值计算得出的标准 ADF 值。

第二,构建 BSADF 统计量序列,估计价格泡沫起止点。BSADF 统计量定义为

$$\mathrm{BSADF}(r_0)=\sup_{r_1\in[0,r_2-r_0]}\mathrm{ADF}_{r_1}^{r_2} \tag{4.3}$$

通过构建 BSADF 统计量,可估计出产品价格序列中的泡沫起止时间。如果产品价格序列中发生多次价格泡沫过程,那么第 k 次价格泡沫的起止时间分别定义为

$$\hat{r_{ke}}=\inf_{r\in[\hat{r_{k-1}},1]}\{r:\ \mathrm{BSADF}(r_0)>\mathrm{CV}\} \tag{4.4}$$

$$\hat{r_{kf}}=\inf_{r_2\in[\hat{r_{ke}}+L_T,1]}\{r_2:\ \mathrm{BSADF}(r_0)<\mathrm{CV}\} \tag{4.5}$$

其中,$L_T=\delta\log(T)/T$,δ 因样本数据频率(月度、周度、日度)不同而取值不同。CV 表示 BSADF 统计量的临界值序列,其数值由 Monte Carlo 模拟计算得到,将样本 BSADF 序列与其进行比较,可以判别样本序列价格泡沫过程的起点和终点。

第六节 多特征的企业产品价格泡沫测度

对四款产品分别进行运行检测,产品一的运行检测时间为 44 小时 13 分 59 秒,产品二的运行检测时间为 60 小时 11 分 27 秒,产品三的运行检测时间为 49 小时 17 分 13 秒,产品四的运行检测时间为 62 小时 18 分 30 秒。

应用前文构建的价格泡沫检测模型,对四款产品价格泡沫发生情况进

行评估和检测。经过 Monte Carlo 2000 次模拟，将 GSADF 值与对应的 95%置信度临界值①进行比较。产品一、产品二和产品四价格序列的 GSADF 值均大于 95%置信度的临界值，说明其价格序列中均存在价格泡沫；产品三价格序列的 GSADF 值小于 95%置信度的临界值，说明其价格序列中不存在价格泡沫，结果见表 4. 3。

表 4. 3　四款产品价格序列泡沫检测结果

产品	GSADF 值	CV 值	是否存在泡沫
产品一	13. 70	2. 26	是
产品二	12. 53	2. 26	是
产品三	2. 60	3. 54	否
产品四	3. 88	3. 54	是

第七节　多特征的企业产品价格泡沫长度、频度及强度测度

本节通过比较 BSADF 序列与相应的临界值序列，对泡沫事件的起止时间进行估计。参考李剑、李崇光（2017）的研究，结合泡沫长度（泡沫总天数）、泡沫频度（价格泡沫事件数）和泡沫强度（最大泡沫存续天数）3 个指标，分析和比较三款产品市场价格泡沫发生程度及差异，见表 4. 4。

表 4. 4　三款产品价格泡沫三个指标检测结果

产品	泡沫长度（天）	泡沫频度（次）	泡沫强度（天）
产品一	1050	10	616
产品二	1113	9	441
产品四	2114	2	1680

在泡沫长度指标中，2012 年 6 月 12 日—2020 年 12 月 27 日，产品一、

① GSADF 方法的临界值有 90%、95%及 99%三种，对临界值的选择并无统一要求。本书参考及借鉴其他学者的研究，选用 95%临界值。

产品二和产品四价格泡沫总天数分别为1050天、1113天和2114天，分别占样本总天数的33.63%、35.65%和67.71%。因此，根据泡沫长度指标，在样本期内，三款产品市场泡沫风险从高到低的排序为产品四、产品二、产品一。在泡沫频度指标中，产品一和产品二的价格泡沫事件发生最频繁，分别为10次和9次，年均出现价格泡沫事件1次左右，产品四价格泡沫事件发生2次。在泡沫强度指标中，产品四的市场最大泡沫存续天数最久，达到1680天，其次是产品一，价格泡沫存续天数为616天，存续天数最短的是产品二，仅为441天。由此可知，不同产品泡沫事件的水平和分布特征存在差异。

第八节　多特征的企业产品价格泡沫时间节点及泡沫时长测度

根据检测结果，本节对存在价格泡沫的三款产品，即2012年6月12日—2020年12月27日产品一、产品二和产品四的泡沫发生过程，以及产品三无价格泡沫的原因进行分析。

一、产品一泡沫发生过程分析

产品一共出现10次价格泡沫，主要发生在2013年、2018年、2019年和2020年。产品一价格泡沫时间节点及泡沫时长见表4.5。

表4.5　产品一价格泡沫时间节点及泡沫时长

次序	时间节点	泡沫时长（天）
1	2013年3月25日—2013年9月8日	168
2	2015年12月7日—2016年1月3日	28
3	2017年2月13日—2017年3月5日	21
4	2017年3月27日—2017年4月2日	7
5	2018年3月19日—2018年3月25日	7
6	2018年5月21日—2018年5月27日	7
7	2018年6月25日—2018年7月22日	28

续表

次序	时间节点	泡沫时长（天）
8	2018 年 10 月 1 日—2018 年 11 月 4 日	35
9	2018 年 12 月 3 日—2019 年 4 月 14 日	133
10	2019 年 4 月 22 日—2020 年 12 月 27 日	616

第一次泡沫期间为 2013 年 3 月 25 日—2013 年 9 月 8 日。出现价格泡沫的原因主要有以下三个。①从 2011 年开始，普洱茶渠道建设有所突破，商超及专卖店等终端市场逐步兴起，培养了大批忠实的消费群体，传统销售方式和互联网的配合使普洱茶快速打开了消费市场。行业中的知名企业如龙润、蒙顿等，创新推出普洱茶饮料、茶粉、茶珍及茶膏等产品，该类产品市场定位明确，主攻快消市场，在丰富普洱茶产品种类的同时，拓展了普洱茶的生存空间。②2012 年，由于普洱茶的生长环境及生态多样性，形成了“一山一味、一寨一韵”的特色，山头茶及古树茶等得到消费者的青睐。③在经历了 2007 年的普洱茶崩盘后，政府加大了对普洱茶的宣传推广力度，知名企业也着力打造知名茶品牌，普洱茶市场在 2013 年得以恢复并且价格一度走高。

第二次泡沫期间为 2015 年 12 月 7 日—2016 年 1 月 3 日。2014 年，由于国家政策调整，普洱茶消费市场结构发生变化。逐渐发展起来的电商进入了“降价—降质—再降价”的恶性循环，在各项成本逐年增加的情况下，普洱茶的成本优势无法体现，产品由于无法满足消费者的个性化需求等而出现价格暴跌。此次暴跌的影响程度虽不及 2007 年的普洱茶崩盘，但仍给该行业带来了一定的打击。此次价格泡沫持续的时间并不长，而且价格不高。出现短暂价格泡沫的原因是，普洱茶的礼品消费占有一定比重，而年底会迎来茶叶销售的一个小高峰，导致价格上涨，但是短期上涨后价格会回落。

第三次泡沫期间为 2017 年 2 月 13 日—2017 年 3 月 5 日，第四次泡沫期间为 2017 年 3 月 27 日—2017 年 4 月 2 日。这两次价格泡沫出现的间隔时间较短，因而将其结合起来进行分析。出现价格泡沫的原因主要有以下两个：①2017 年，云南的持续干旱天气导致茶叶产量下降，供给量减少导致价格大幅上涨。②政府颁发了一系列条例保护古茶树资源，如2011年的《云南省西双版纳傣族自治州古茶树保护条例》、2016年的《临沧市古茶树保护条例》。古茶树资源受到政府的高度重视与保护，资源稀缺导致价格进一步上涨。

第五次泡沫期间为2018年3月19日—2018年3月25日，第六次泡沫期间为2018年5月21日—2018年5月27日，第七次泡沫期间为2018年6月25日—2018年7月22日，第八次泡沫期间为2018年10月1日—2018年11月4日。这四次价格泡沫产生的间隔时间较短，因而将其结合起来进行分析。这四次价格泡沫均出现在2018年，可见2018年对于普洱茶行业是一个较为特殊的年份，出现价格泡沫的原因主要有以下两个：①2018年，春茶原料价格居高不下，大部分茶区毛茶价格较上年上涨30%左右，部分茶区毛茶价格涨幅甚至达到50%以上，原料成本的增加导致价格上涨。②广东的普洱茶消费及存储量占比较大，广州芳村茶叶市场为全国最大的茶叶批发市场，受超强台风“山竹”的影响，大量茶叶受损，流通性较强的DY产品也在此次灾害中受损较大，导致茶叶因为稀缺而价格上涨。

第九次泡沫期间为2018年12月3日—2019年4月14日。出现价格泡沫的原因主要有以下两个：①自2018年起，采茶工人的日均工资为150元，制茶师等的工资也逐渐上涨，人工成本的上涨导致价格上涨。②2019年，云南省委、省政府做出抢抓数字经济机遇、全力建设数字云南的战略部署，智慧茶仓及云茶大数据中心相继建立。云南省政府及茶企的一系列举措，给该行业发展带来了巨大的助力并提高了消费者的消费信心，政府及茶企的信用背书在一定程度上解决了普洱茶消费中的信息不对称问题，提高了消费者的购买欲望。

第十次泡沫期间为2019年4月22日—2020年12月27日。通过对2018年及2019年的茶叶价格数据进行分析，可知这两年虽有价格泡沫出现，但整体持续的时间较短。从2019年的价格平稳上涨到2020年的大幅上涨，较符合普洱茶的行业现状。出现价格泡沫的原因主要有以下四个：①2~3年的价格低谷期后茶叶价格出现回弹，这与2007年的崩盘和2014年的暴跌情况如出一辙。②年轻群体已成为茶叶消费的主力，新的消费人口、新的消费供给及新的消费场景使消费者更加注重品牌效应，普洱茶已进入品牌定价的时代。但是，目前市场上存在的产品质量良莠不齐、价格无度、原料供应没有保障、品质难以把控、投资难以变现等问题导致消费者和投资者的利益均受到损害，而DY品牌具有良好的信誉，消费者和投资者均倾向于该品牌，从而引起价格的上涨。③2020年的新冠疫情对全球经济产生了较大影响，使得投资者的投资行为更加理性和谨慎，普洱茶因投资收益相对稳定而成为投资者较为青睐的产品。④在新冠疫情下，人们对健康的关注度有所提高，普洱茶的保健功效符合消费需求。例如，牛津大学关于普洱茶中所含的茶黄素（TF3）能够阻止冠状病毒的复制从而抑制病毒的新闻稿等，使普洱茶得到人们更多的关注。

二、产品二泡沫发生过程分析

产品二共出现9次价格泡沫，主要发生在2013年、2015年、2017年及2020年。产品二价格泡沫时间节点及泡沫时长见表4.6。

表4.6　产品二价格泡沫时间节点及泡沫时长

次序	时间节点	泡沫时长（天）
1	2013年4月22日—2013年8月4日	105
2	2013年10月7日—2014年1月19日	105
3	2014年12月22日—2015年6月14日	175
4	2015年6月29日—2015年7月12日	14
5	2017年1月9日—2017年1月29日	21
6	2017年2月20日—2018年5月6日	441
7	2019年3月11日—2019年3月24日	14
8	2020年4月20日—2020年5月3日	14
9	2020年5月18日—2020年12月27日	224

第一次价格泡沫期间为2013年4月22日—2013年8月4日，第二次价格泡沫期间为2013年10月7日—2014年1月19日。由于两次价格泡沫的间隔时间较短，将其结合起来进行分析。出现价格泡沫的原因主要有以下四个：①早期熟茶口感及发酵技术的投入不足，导致在相当长的一段时

间内消费者忽略了熟茶的价值，并且误认为普洱熟茶对人体有一定的危害。2013 年以后，各茶企通过提升原料品质及改进加工工艺提高了熟茶的品质，行业专家的大量实验研究也证实了普洱熟茶的功效，从而使其需求量有所上升。②相较于同年份的生茶，熟茶的价格一直较低，性价比较高。③当年的普洱生茶由于是新茶，对肠胃有一定的刺激性，部分特殊体质人群无法饮用，普洱熟茶经过人工渥堆发酵工序后，刺激性减弱，更适合品饮。④市场上的部分消费者会基于普洱茶的独特功效做出购买决策，普洱熟茶在减肥、降“三高”等方面功效明显优于生茶。

第三次泡沫期间为 2014 年 12 月 22 日—2015 年 6 月 14 日，第四次泡沫期间为 2015 年 6 月 29 日—2015 年 7 月 12 日。由于两次价格泡沫的间隔时间较短，将其结合起来进行分析。出现价格泡沫的原因主要有以下两个：①2014 年普洱茶价格暴跌以后，在 2014 年底和 2015 年都有一定程度的价格回调，而熟茶价格比生茶低，价格优势更明显，人们在普洱茶跌价时进行购买是较为明智的选择。②尽管普洱茶价格暴跌，市场行情并不明朗，但并未影响人们的品饮需求——人们习惯于品生茶、喝熟茶，因此在价格回调后，熟茶出现了一定程度的价格泡沫。

第五次泡沫期间为 2017 年 1 月 9 日—2017 年 1 月 29 日，第六次泡沫期间为 2017 年 2 月 20 日—2018 年 5 月 6 日。由于两次价格泡沫的间隔时间较短，将其结合起来进行分析。这一时期普洱熟茶的兴起得益于柑普茶（用新会小青柑及云南普洱熟茶制作）。柑普茶推向消费市场后，很快便风靡全国，众多茶企纷纷加入生产熟茶的行列，普洱熟茶价格随之上涨。

第七次泡沫期间为 2019 年 3 月 11 日—2019 年 3 月 24 日。随着消费者消费理念的改变，普洱熟茶因其内涵物质丰富、健康养生功效等受到消费者的青睐。普洱熟茶快销、即饮的产品定位相较于价格参差不齐且口感差异较大的生茶，更易于被消费者接受。

第八次泡沫期间为 2020 年 4 月 20 日—2020 年 5 月 3 日，第九次泡沫期间为 2020 年 5 月 18 日—2020 年 12 月 27 日。由于两次价格泡沫的间隔时间较短，将其结合起来进行分析。出现价格泡沫的原因主要有以下三个：①产品二属于品饮型、消耗性强的口粮茶，具有高性价比优势。②2020 年 4 月以后，DY 推出 80 周年纪念茶，该产品被赋予“岁月成金，传奇典藏”的生命主题，具有一定的纪念意义，成为市场上的畅销产品。③新冠疫情的暴发使大部分人消费更谨慎，市场上的高端产品销售受阻，而该产品投资成本低、价格适中且风险小，对投资者来说是较为理想的选择。

三、产品三无价格泡沫分析

根据检测结果，产品三并不存在价格泡沫。究其原因，主要有以下四个：①普洱生茶未经过人工发酵，需 10 年以上的后期自然发酵才更具品饮价值，而产品三并未达到最佳品饮时期，因此并未引起消费者的重视。②产品三价格远高于产品四，仅从价格因素考虑，并不具备优势。③纵观普洱茶发展历程，新产品的问世会掀起炒作之风，普洱熟茶正因柑普茶的风靡而一度走俏市场，而产品三并无类似于柑普茶的产品出现，并且附加价值不足；另外，由于普洱茶越陈越香的特点及其投资价值，普洱茶市场上的存储量已近 80 万吨，远超实际需求量，出现了严重的供需失衡。④DY 企业的产品类型较多，企业基于销量等方面考虑，会将宣传重点放在当年主推的产品上，而 DY7542 生茶每年生产数量较大，企业并不会长时间关注之前年度生产的产品。DY7542 生茶是行业的标杆产品，具备期货产品的特点并已呈现商品金融化的属性，但更具炒作价值及投资空间的是每年生产的新产品，2011 年生产的产品已过最佳炒作时机。

四、产品四泡沫发生过程分析

产品四共出现 2 次价格泡沫，主要发生在 2013 年、2016—2020 年。产品四价格泡沫时间节点及泡沫时长见表 4.7。

表 4.7　产品四价格泡沫时间节点及泡沫时长

次序	时间节点	泡沫长度（天）
1	2013 年 4 月 1 日—2014 年 6 月 8 日	434
2	2016 年 5 月 23 日—2020 年 12 月 27 日	1680

第一次泡沫期间为 2013 年 4 月 1 日—2014 年 6 月 8 日。出现价格泡沫

的原因主要有以下两个：①2012 年 12 月，中共中央政治局会议审议通过《十八届中央政治局关于改进工作作风、密切联系群众的八项规定》，即中央八项规定。该规定实施以后，送礼等消费需求逐渐减少，品饮需求成为普洱茶消费的主流，相较于 2013 年新茶的价格，2011 年生产的熟茶价格不足百元，性价比更高，并且产品质量能够满足消费者的品饮需求。②普洱熟茶在完善加工工艺和技术后，品质大幅提升，并且专家的实验证明了普洱茶的功效，打消了消费者的疑虑，从而激发了有效需求。

第二次泡沫期间为 2016 年 5 月 23 日—2020 年 12 月 27 日。此次价格泡沫持续的时间较长，出现价格泡沫的原因主要有以下四个：①根据行业标准，10~15 年的茶叶符合中期茶的标准，2011 年生产的 DY7572 已生产 6~10 年，在年限上逐步趋于中期茶，在品质等方面更优，品饮价值也更高。②农户的盲目种植导致产能过剩，普洱茶价格出现严重的两极分化现象，相比之下，2011 年生产的普洱熟茶性价比更高。③柑普茶的兴起掀起了普洱熟茶的消费热潮，市场上很多茶企以具有一定年份的普洱熟茶为原料制作柑普茶。通过市场分析可知，以年份越久的熟茶为原料，柑普茶的价格越高，而且普洱熟茶具有价格优势，并不会大幅增加柑普茶的制作成本，利润空间较大。④新冠疫情的暴发使人们的消费更加理性和谨慎，2011 年的普洱熟茶更符合市场需求。

第九节　价格泡沫期间与无泡沫期间的价格对比分析

研究样本具有商品、投资和投机三重属性，市场上消费者的需求也有刚性需求、投资性需求和投机性需求之分。刚性需求消费者的消费行为在一定程度上受供求影响，当价格超出其实际价值时，需求量增加后会有一定幅度的下降。投资性需求消费者和投机性需求消费者购买与投资的目的是获得价差收益，价格持续上涨会使其对未来价格做看涨预期，从而增加购买量，以获得更高收益。投资者及投机者的出现，会导致溢价现象。石广平（2018）借鉴 Abraham 和 Hendershott（1994），吕炜、刘晨晖（2012a，

2012b）及陈长石、刘晨晖（2015）的方法对泡沫进行测算，将价格中的基础价值和泡沫部分分离，公式为

$$Hp_t = Hp_t^* + Hb_t \tag{4.6}$$

其中，Hp_t 代表第 t 期产品的实际市场价格；Hp_t^* 代表产品的基础价值；Hb_t 代表第 t 期市场价格相对基础价值的偏离，即泡沫部分。吕炜、刘晨晖（2012a，2012b）认为，Hp_t^* 由一些外部因素决定，因此石广平（2018）最初选取了居民收入、建房成本、土地价格、物价水平、产出缺口、利率和汇率 7 个变量，之后剔除部分变量，最终确定人均可支配收入和建房成本 2 个变量建立价格泡沫提取模型，对房地产价格、基础价值及泡沫成分进行分析。相关学者使用的方法具有一定的合理性与可借鉴性，但由于本书的研究重点为多特征的企业产品，影响其价格的因素较多，需要在后面章节进行具体分析。另外，本节采用的是价格周度数据，而价格影响因素的数据为年度数据，二者频率不同，会造成一定的计算误差。基于以上两个原因，本书建立以下公式：

$$Ip_t = Ip_t^* + Ib_t \tag{4.7}$$

其中，Ip_t 代表泡沫期间的价格区间，Ip_t^* 代表无泡沫期间的价格区间，Ib_t 代表区间差值。本节对三款产品泡沫及无泡沫期间的价格区间进行对比，从而分析产品的价格泡沫程度，见表 4.8 至表 4.10。

表 4.8　产品一的价格区间及差值

年份	全样本数据期间的价格区间	泡沫期间的价格区间	无泡沫期间的价格区间	区间差值
2012	（109，114）	—	（109，114）	—
2013	（114，243）	（136，243）	（114，243）	（22，0）
2014	（179，240）	—	（179，240）	—
2015	（113，165）	（113，119）	（130，165）	（-17，-46）
2016	（113，145）	（113，113）	（118，145）	（-5，-32）
2017	（145，177）	（159，177）	（145，170）	（14，7）
2018	（145，210）	（145，210）	（148，190）	（-3，20）
2019	（210，575）	（210，575）	（210，210）	（0，365）
2020	（530，1980）	（530，1980）	—	—

表 4.9 产品二的价格区间及差值

年份	全样本数据期间的价格区间	泡沫期间的价格区间	无泡沫期间的价格区间	区间差值
2012	(57, 60)	—	(57, 60)	—
2013	(60, 149)	(83, 149)	(60, 93)	(23, 56)
2014	(108, 137)	(108, 137)	(124, 137)	(-16, 0)
2015	(65, 90)	(69, 90)	(65, 72)	(4, 18)
2016	(64, 69)	—	(64, 69)	—
2017	(70, 110)	(72, 110)	(70, 72)	(2, 38)
2018	(92, 112)	(110, 112)	(92, 102)	(18, 10)
2019	(96, 118)	(111, 118)	(96, 108)	(15, 10)
2020	(105, 390)	(145, 390)	(105, 140)	(40, 250)

表 4.10 产品四的价格区间及差值

年份	全样本数据期间的价格区间	泡沫期间的价格区间	无泡沫期间的价格区间	区间差值
2012	(56, 56)	—	(56, 56)	—
2013	(56, 96)	(63, 96)	(56, 63)	(7, 33)
2014	(89, 93)	(93, 93)	(89, 93)	(4, 0)
2015	(82, 90)	—	(82, 90)	—
2016	(93, 96)	(95, 96)	(93, 93)	(2, 3)
2017	(96, 117)	(96, 117)	—	—
2018	(117, 140)	(117, 140)	—	—
2019	(140, 150)	(140, 150)	—	—
2020	(150, 162)	(150, 162)	—	—

表 4.8 至表 4.10 的结果显示，产品一无泡沫期间的价格区间为（109, 243），泡沫期间的价格区间为（113, 1980）。可见，样本期内产品一的价格波动较大，其价格偏离基本面价值较大。产品二无泡沫期间的价格区间为（57, 140），泡沫期间的价格区间为（69, 390），区间差值范围虽小于产品一，但差值范围仍然较大。产品二近年来价格涨幅较大，其价格与基本面价值的偏离也逐渐加大。产品四无泡沫期间的价格区间为（56, 93），

泡沫期间的价格区间为（63，162），在三款产品中的区间差值相对较小。

第十节　本章小结

企业产品的多特征特点决定了产品的价值及价格。产品的投资价值使其呈现出金融化的特点，大多数企业产品特征同金融化第一阶段中高级阶段的特征相吻合，即价格既受供求关系的影响，又受投资行为的影响，呈现出一定的复杂性。价格泡沫是产品价格的重要组成部分且对价格有重要影响，因此对产品价格泡沫进行检测是必要的。本章基于产品角度分析多特征的企业产品价格，采用 GSADF 方法对多特征的企业产品价格泡沫进行测度，由实证研究结果可知：①具有投资价值的企业产品均存在价格泡沫，而仅具有使用价值的产品则呈现出不同特点。②仅具有使用价值的企业产品的泡沫长度和泡沫强度均优于具有投资价值的企业产品；在泡沫频度指标中，具有投资价值的企业产品多于仅具有使用价值的企业产品。③通过对价格泡沫产生原因进行分析，可知多特征的企业产品价格主要受供需因素、经济发展因素及技术因素等的影响。在本章对多特征的企业产品价格泡沫的研究中，具有投资价值的产品存在价格泡沫具有一定的合理性，但仅具有使用价值的产品也出现价格泡沫且泡沫总天数最多、最大泡沫存续天数最长的实证结果在一定程度上体现了本章实证研究的价值。

本章基于产品角度初步分析了多特征的企业产品价格的影响因素，为下一章基于市场角度的多特征的企业产品价格分析及价格影响因素指标体系的建立奠定了基础，但仅基于产品角度对价格影响因素进行初步分析且主要采用定性分析方法，存在一定的片面性与局限性。企业产品价格影响因素指标体系有待建立，其价格影响因素指标权重及影响程度变化有待深入、客观地进行分析。

第五章

基于市场角度的多特征的企业产品价格分析及价格影响因素指标体系的建立

本书第四章初步分析了供需因素、经济发展因素及技术因素对产品价格的影响，但这种分析只是基于单一的产品角度且主观性较强，尚未形成研究体系。本章基于市场角度分析多特征的企业产品价格并建立价格影响因素指标体系——采用 TOPSIS 方法，对价格影响因素指标权重进行排序，进而分析各指标对多特征的企业产品价格的影响程度变化。

第一节　基于市场角度的多特征的企业产品价格影响因素分析

一、供需因素

具有使用价值的企业产品的价格主要受供需因素的影响，而具有投资价值的企业产品的价格主要受投资行为的影响。在第四章对多特征的企业产品价格泡沫的研究中，具有使用价值的企业产品出现了价格泡沫且泡沫持续时间较长。可见，具有使用价值的多特征的企业产品仍有可能受供需因素及其他因素的影响。根据多特征的企业产品的特点，市场可以分为增量市场和存量市场，在不同市场条件下，其供需因素存在差别。

增量市场：

企业产品总供给量=企业供给量

企业产品总需求量=消费需求量+投资需求量

存量市场：

企业产品总供给量=企业供给量（新产品）+由投资需求量转化而来的供给量（存货）

企业产品总需求量=消费需求量+投资需求量

通过分析增量市场和存量市场的供需构成可知，在增量市场中，企业产品总供给量为企业实际生产的产品数量，企业产品总需求量既包括消费需求量也包括投资需求量。增量市场主要考虑新产品的供给与需求。对存量市场而言，不仅有企业实际生产的产品数量，也有由投资需求量转化而来的供给量，既包括新产品的供给，也包括市场上的存货。存量市场中的企业产品总需求量同增量市场较为一致，不同的是，存量市场中的投资需求量往往是出于消耗补充的目的，即存货出手一部分后的补充，该投资需求量主要取决于存货出手的情况。增量市场和存量市场的供需因素会影响企业产品价格，并且两个市场会相互影响。当增量市场的供给大于需求时，会导致增量市场和存量市场的产品价格下跌；当增量市场的供给小于需求时，则会导致增量市场和存量市场的产品价格上涨。存量市场也会在一定程度上影响增量市场。存量市场存货过多会导致增量市场的有效需求不足，存量市场的价格波动会影响增量市场的价格。

二、经济发展因素

经济发展因素不仅能衡量一国的经济发展实力，更能有效衡量消费者的购买力。在多特征的企业产品中，具有使用价值且在消费市场流通的产品，其价格主要受供需因素的影响，而经济发展因素对供需因素的影响极大。对生产者来说，经济的发展会在一定程度上导致生产成本增加，从而导致产品价格上涨；对消费者来说，他们根据自身消费能力来增减购买量。由于同类型产品存在较多的替代品，消费者在市场中可以找到能够满足消费需求且性价比更高的产品。可见，经济发展因素对具有使用价值的企业产品的价格影响较大；对于具有投资价值的企业产品，经济发展因素对投资者的投资行为等具有重要影响。经济的发展及民间金融意识的觉醒使投资者的投资渠道有所拓宽，具有投资价值的企业产品因此成为重点投资对象。虽然投资行为有一定的盲目性，投资者更多的是关注短期利益，但不可否认的是，多数投资行为是理性的，投资者会根据经济发展状况及对企业产品未来盈利情况的预测做出投资决定。经济的发展是投资的基础及保障，并且能为更多具有投资价值的企业产品提供机会。

三、技术因素

目前，市场中的消费路径及消费场景发生了极大改变，如图 5.1 所示。消费者的消费路径包括搜索路径、内容路径和社交路径。在搜索路径中，消费者根据自身需求寻找合适的产品，在线下如超市中进行搜索。随着互联网的介入，人们的消费场景逐渐向线上转移，这给线下实体店带来极大的冲击，但电商对产品大多是简单的图片介绍，消费者已不满足于仅根据图片提供的信息做出购买决定。直播场景的出现使产品的呈现方式更加生动具体，从而刺激了消费者的购买意愿。在搜索路径中，消费者存在一定的盲目性，并不能完全确定自己需要的物品，企业较被动，既无法了解消费者的实际需求，也无法对产品推广等提出切实有效的方案。内容路径使企业的地位从被动变为主动：实体店中商家有目的的产品陈设能够成功吸引消费者的注意并刺激消费，电商企业可以根据消费者的浏览记录进行有针对性的产品推送，抖音等直播平台更是为消费者提供沉浸式体验。内容路径的发展，使消费者无须过多思考——企业为消费者提供了充足的产品信息。但是，信息不对称问题仍是消费者和企业之间不可跨越的鸿沟。为了解决信息不对称问题，社交路径将交易者群体范围缩小，双方基于信任完成交易，并通过消费者的人脉推广产品。三条消费路径体现了消费者消费方式及消费场景的转变，这是时代背景下的必然产物。互联网的发展使企业产品得以快速推广，其广域性、及时性及交互性等特点弥补了线下场景的不足。线上宣传推广、线下实体体验的结合打破了地域限制，方便信息获取，缩短了交易时间，提高了流通速度，给客户带来了良好的体验。互联网技术拉近了消费者与企业的距离。通过数据分析了解消费者需求和购买意愿，有助于企业进行有针对性的产品推广，满足个性化需求，进而培养忠实的消费群体。对于投资市场，产品的信息不对称问题也在互联网的介入下得以缓解——实现了产品从原料到加工为成品，甚至仓储及运输环节的追踪记录，使消费者能够了解产品的真实情况。

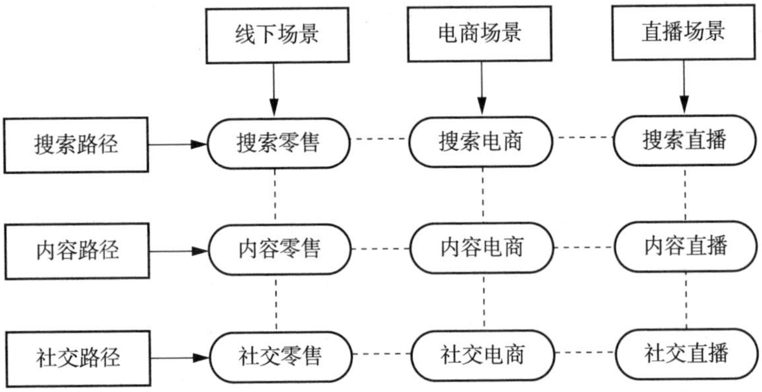

图 5.1　技术因素介入后消费路径及消费场景的变化

第二节　多特征的企业产品价格影响因素指标体系的建立

本节的研究目的是建立多特征的企业产品价格影响因素指标体系，而不同的企业产品，价格影响因素也不同。第四章选取了四款极具代表性的普洱茶企业产品进行价格泡沫实证研究，并得到具有一定意义的结论，虽初步分析了价格影响因素，但仍存在深度及广度不够等问题。本节以普洱茶企业产品的价格影响因素为研究对象，选取 2012—2020 年的供需因素、经济发展因素和技术因素建立研究样本价格影响因素指标体系，从而对多特征的企业产品价格影响因素进行全面而系统的分析。

一、多特征的企业产品价格影响因素指标选取

（一）供需因素

1. 全国茶叶供需因素指标

全国茶园面积体现了我国茶叶种植的土地投入力度及主要产茶省份的

种植规模，直接影响全国茶叶及普洱茶产量。全国茶叶产量一方面反映在供需作用下产量的变化，另一方面反映新的茶叶种植管理模式对产量的影响。我国茶叶产量虽然全球占比维持在40%以上并持续提升，但亩产低于世界平均水平。由于城镇化水平的提升、受教育程度逐步提高及人口老龄化程度的加剧，居民对健康养生的重视程度日益提高。城镇化水平提升导致生活节奏加快及生活压力增大，消费者更青睐具有提神及保健等功能的饮品。全国饮茶人数的增加意味着茶叶消费群体数量的增长。中国茶叶流通协会的市场报告显示，我国人均茶叶消费量为3.3千克/年，饮茶人数的增多使茶叶需求量激增，从而影响茶叶价格。全国六大茶类尤其是绿茶的销量占全国茶叶销量的比重较大，而这些茶类在一定程度上是普洱茶的替代品，其销量的增减会影响普洱茶价格；全国茶叶销量也反映市场上的茶叶需求量，普洱茶作为全国茶叶的一部分，其市场认可度逐年提升；全国茶叶销量的增加在一定程度上也能体现普洱茶销量的增加。

2. 云南省茶叶供给因素指标

云南有着悠久的茶叶种植历史，茶叶作为云南高原特色农业产品，在助力农民增收的过程中发挥着重要作用。云南主要有普洱茶、滇红、绿茶、紧压茶及花茶五类茶叶，其中普洱茶最具特色，共有四个产区：普洱茶区、版纳茶区、保山茶区和临沧茶区。对云南省茶园面积的分析，一方面可以反映其他四种茶类的种植情况，另一方面有助于掌握普洱茶的种植情况。普洱茶同云南其他茶类既有竞争关系也有合作关系，其他茶类可成为普洱茶的替代品，从而抢占部分消费市场。但也正得益于其他茶类的发展，普洱茶更具知名度和认可度，市场地位不断提升。对云南省茶叶产量进行分析，可以客观了解云南茶业现状。因大多数企业具备生产普洱茶的技术及能力，云南省茶叶生产企业数量也可在一定程度上体现普洱茶行业的产能或流入市场的产品数量。1940年前后，在政府的大力倡导下，现代体制的茶叶公司与大型茶厂陆续成立；2003—2005年，云南的普洱茶生产企业大量涌现；近年来，生产其他茶类的企业纷纷生产普洱茶，使普洱茶的产能大幅提高。对这些情况进行分析，可以较为直观地了解普洱茶的市场供给情况。由于云南为产茶大省，茶叶种类繁多、产量较大，这给数据的收集与整理工作带来了一定难度，国家相关部门及行业协会并未对此进行统计，本书也并未将云南省茶叶需求指标列入研究范围。

3. 普洱茶供需因素指标

根据供求理论，供给量对价格有直接影响。普洱茶的大部分内含物质会随时间推移而逐渐减少，但茶褐素会有所增加，从而使普洱茶更具品饮价值，这也是普洱茶不断增值及具有收藏价值的主要原因。普洱茶收藏需求可分为自用型收藏需求和投资型收藏需求。自用型收藏需求仅影响普洱茶的需求量，而投资型收藏需求既影响供给量也影响需求量，进而会影响普洱茶价格。普洱茶销量，即普洱茶需求量，体现了普洱茶在茶叶市场中所占的份额及消费者的需求数量。

（二）经济发展因素

国内生产总值（GDP）作为衡量国家经济状况的最佳指标，客观反映了一国的经济表现、国力及财富情况。GDP 对居民消费指数的影响程度较大，GDP 的增长，提高了我国居民收入水平及经济能力，促进居民消费指数不断扩大（何丽萍，2020）。人均可支配收入是居民消费结构升级优化的关键因素（乔为国，2007）。目前，我国居民消费结构处于从生存型向发展型、从商品消费向服务消费及从传统型消费向新型消费转变的重要时期，人均可支配收入的增加将提高人们的购买力水平，引起人们需求状况的变化——从低层次的生存需求转向高层次的精神追求。普洱茶作为一种茶饮品，并不是生活中的必需品，人均可支配收入的增加可提高人们购买普洱茶的可能性。通货膨胀是导致普洱茶价格波动的又一因素，通货膨胀发生后，工人的工资增加了，生产所需的原材料价格上涨了，劳动力及原材料成本的增加会导致企业生产成本增加，产品价格提高。温和的通货膨胀会使公司与居民加大在金融产品及其他产品上的投资力度（潘文博，2019）。市场利率①反映了市场借贷成本，直接影响人们的投资行为（瞿

① 在投资中，投资者关注产品的长期投资收益，其中大部分投资者看中的是年投资收益，他们将普洱茶价值逐年增长 20%作为参考数据，因此本书选取的利率指标为一年期存款利率，投资者将年存款利率及普洱茶价值年增长率进行对比，进而做出投资决策。人们的投资行为受存款利率的影响，当存款利率较低时，人们更倾向于投资。

强，2007）。普洱茶因其增值特点而成为人们的投资新宠，尤其对小规模收藏者来说，当市场利率较低时，他们才可能将手上的闲置资金用于普洱茶等产品的消费。

（三）技术因素

互联网将产品、用户、生产者、销售方及加工方等主体连接在一起，实现了各环节的紧密连接，打破了原有空间及时间因素的限制，有效提高了供应链各环节主体的生产效率和积极性。互联网的介入改变了原有消费模式，在消费渠道方面，传统的实体经营已经逐渐被网络电商取代，电商平台具有高效、快速、便利及多样的特性。互联网技术提供了全新的交易形式和流程，而且成本更低、效率更高。云南省互联网普及率[①]的高低决定着其对“互联网+”发展的承接能力，对基于互联网资源产业的发展具有重要影响。在“互联网+”环境下，网络消费形式、内容及模式等进一步丰富，包括“线上+门店”等更多渠道的交互（朱毅、常健聪，2020），使通过电商平台完成的销售额占普洱茶销售额的比重逐年增加。云南省茶叶电商的发展是近年来普洱茶销量提升、价格平稳增长的主要原因。

二、多特征的企业产品价格影响因素指标体系的建立

本节建立的多特征的企业产品研究样本价格影响因素指标体系包括5个一级指标、16个二级指标，数据来源于《世界茶业发展报告》《中国统计年鉴》《云南统计年鉴》《云南茶产业发展报告》《茶叶电商微报告》，以及中国茶叶流通协会等。在多特征的企业产品研究样本价格影响因素指标体系中，CSD表示全国茶叶供需因素、YSF表示云南省茶叶供给因素、PSD表示普洱茶供需因素、ECO表示经济发展因素、YIL表示云南省互联网发展水平因素，详见表5.1。

① 互联网普及率=（全国省市）网民数/人口数。

表 5.1　多特征的企业产品研究样本价格影响因素指标体系

目标层	一级指标	二级指标	单位
多特征的企业产品价格影响因素指标体系	全国茶叶供需因素（CSD）	全国茶园面积（CSD_1）	万亩
		全国茶叶产量（CSD_2）	万吨
		全国饮茶人数（CSD_3）	亿人
		全国茶叶销量（CSD_4）	万吨
	云南省茶叶供给因素（YSF）	云南省茶园面积（YSF_1）	万亩
		云南省茶叶产量（YSF_2）	万吨
		云南省茶叶生产企业数量（YSF_3）	家
	普洱茶供需因素（PSD）	普洱茶产量（PSD_1）	万吨
		普洱茶存储量（PSD_2）	万吨
		普洱茶销量（PSD_3）	万吨
	经济发展因素（ECO）	GDP（ECO_1）	亿元
		人均可支配收入（ECO_2）	元
		通货膨胀率（ECO_3）	%
		利率（ECO_4）	%
	云南省互联网发展水平因素（YIL）	云南省互联网普及率（YIL_1）	%
		云南省茶叶电商销售额（YIL_2）	亿元

第三节　多特征的企业产品价格影响因素评价方法选择

TOPSIS 方法由 Hwang 和 Yoon（1981）提出，该方法为综合评价方法，其优势在于对数据分布及样本含量、指标数量均无严格限制，对小样本资料及多评价单元同样适用，可用于横向多单位之间及纵向不同年度的对比分析：通过对原始数据的同趋势和归一化处理，消除不同指标量纲的影响，进一步利用原始数据信息，定量评价不同单元的优劣程度，所得结果客观且准确。TOPSIS 方法可有效避免各指标之间因关联性而导致的信息重叠问题。该方法模型为折中模型，通过比较各方案与理想解的相对贴近度及综合评价指数对备选方案进行排序，基于各方案的优先次序确定最佳方案。该方法采用欧式距离计算各方案到正、负理想解的距离，其优点是应用方便、合理、易于理解且计算简单。近年来，该方法已广泛应用于互联网（何波、殷旅江，2019）、林业（王刚等，2019）、科技服务业（王颖等，2019）及城市旅游（袁鹏等，2019）等领域。结合本书的研究对象及数据特点，TOPSIS 方法适用。

该模型由以下两部分构成：一是运用熵值法确定多特征的企业产品价格影响因素指标的几何权重，二是运用 TOPSIS 方法对各指标的最优接近度值进行计算及排序。

一、多特征的企业产品价格影响因素权重模型

（一）根据评价指标和评价对象数量构建原始数据矩阵

$$X=\{x_{ij}\}_{n\times m}\quad (m=16,\ n=9) \tag{5.1}$$

（二）将原始数据矩阵转化为标准化矩阵

$$Y_{ij}=\{y_{ij}\}_{n\times m} \tag{5.2}$$

其中，正向指标为 $y_{ij}=\dfrac{x_{ij}-a_j}{A_j-a_j}$，负向指标为 $y_{ij}=\dfrac{A_j-x_{ij}}{A_j-a_j}$，中性指标为 $y_{ij}=\begin{cases}\dfrac{x_{ij}-a_j}{x_0-a_j}, & x_{ij}<x_0\\ \dfrac{A_j-x_{ij}}{A_j-x_0}, & x_{ij}\geqslant x_0\end{cases}$，$A_j=\{x_{ij}\}_i^{\max}$，$a_j=\{x_{ij}\}_i^{\min}$。

（三）将 y_{ij} 归一化

$$Z_{ij}=\frac{y_{ij}}{\sum_{i=1}^{n}y_{ij}} \tag{5.3}$$

（四）求第 j 个指标的熵值

$$e_j=-k\sum_{i=1}^{n}Z_{ij}\ln(Z_{ij})\quad \left(j=1,\ 2,\ 3,\ \cdots n;\ k=\frac{1}{\ln(n)}，为常数\right) \tag{5.4}$$

（五）求差异化系数

$$g_j=1-e_j \tag{5.5}$$

$$熵权\ c_j = \frac{g_j}{\sum_{j=1}^{m} g_j} \tag{5.6}$$

$$指标权重\ w_j = \frac{c_j}{\sum_{j=1}^{m} c_j} \tag{5.7}$$

二、多特征的企业产品价格影响因素评价模型

（一）构建加权决策矩阵

研究样本的年份集合为 M，包含的指标集为 S，则 M_i 对指标 S_j 的值为 P_{ij}；将指标权重 w 与无量纲化矩阵相乘，设置指标权重 $w=1$。

（二）计算正负理想解

$$Y_j^+ = \max_{1 \leqslant i \leqslant m} \{r_{ij}\},\ Y_j^- = \min_{1 \leqslant i \leqslant m} \{r_{ij}\} \tag{5.8}$$

其中，$j=1,2,\cdots,n$，从而得到评价方案的正理想解 $Y^+=(Y_1^+, Y_2^+, \cdots, Y_m^+)$，负理想解 $Y^-=(Y_1^-, Y_2^-, \cdots, Y_m^-)$。

（三）计算评价对象与理想解的欧式距离

$$D_i^+ = \sqrt{(Y_1^+ - Y_{1i})^2 + \cdots + (Y_m^+ - Y_{mi})^2},\ D_i^- = \sqrt{(Y_1^- - Y_{1i})^2 + \cdots + (Y_m^- - Y_{mi})^2} \tag{5.9}$$

其中，D_i^+ 为第 i 个区域与正理想解的欧式距离，D_i^- 为第 i 个区域与负理想解的欧式距离。

（四）计算各评价单元与最优值的相对接近度

$$C_i = \frac{D_i^-}{D_i^+ + D_i^-} \tag{5.10}$$

（五）相对接近度大小排序

C_i 越大，表明第 i 个评价单元越接近最优水平。

第四节　多特征的企业产品价格影响因素指标权重及影响程度变化

一、多特征的企业产品价格影响因素指标权重

运用熵值法计算出多特征的企业产品研究样本价格影响因素指标权重，见表5.2。

表5.2　多特征的企业产品研究样本价格影响因素指标权重

一级指标	权重	二级指标	权重
CSD	0.2195	CSD_1	0.0494
		CSD_2	0.0521
		CSD_3	0.0626
		CSD_4	0.0554
YSF	0.1851	YSF_1	0.0562
		YSF_2	0.0595
		YSF_3	0.0694
PSD	0.1793	PSD_1	0.0606
		PSD_2	0.0609
		PSD_3	0.0578
YIL	0.1972	YIL_1	0.0590
		YIL_2	0.1382
ECO	0.2181	ECO_1	0.0048
		ECO_2	0.0545
		ECO_3	0.0966
		ECO_4	0.0622

研究样本价格影响因素一级指标权重排序为CSD>ECO>YIL>YSF>PSD，可见，全国茶叶供需因素对价格影响最大，权重为0.2195。全国共有六大茶类，产量大、品牌知名度高且消费群体多，目前这六大茶类占据茶叶消费市场的大部分比重。普洱茶虽不属于六大茶类，但从2003年开始

备受瞩目后，在标准的制定、技术的改进和政策的完善等方面都取得了较大进步，其产量和销量在茶叶消费市场中占据一定的位置。另外，普洱茶自身的价值特点使其具有一定的排他性，即和其他茶类存在一定的竞争关系。因此，全国茶叶供需因素对普洱茶价格的影响很大。经济发展因素通过影响消费者的购买行为及投资者的投资行为对价格产生显著影响，这进一步验证了普洱茶企业产品的金融化属性和期货特点已日益显著。云南省互联网发展水平对价格的影响也不容忽视。云南省的互联网普及率在全国排倒数。2016 年，云南省是我国互联网普及率最低的省份，这严重制约了普洱茶行业的发展。随着互联网的普及与发展，传统的单一销售模式已无法满足市场需求。近年来，普洱茶电商销售额逐年上升，可见互联网发展水平对其影响之大。相比之下，普洱茶供需因素的权重为 0. 1793，云南省茶叶供给因素的权重为 0. 1851，主要原因有以下两个：第一，云南作为产茶大省，品类多、产量大，其产能已超过市场的实际需求，对普洱茶企业产品价格的影响较小；第二，普洱茶供需因素及云南省茶叶供给因素对应的二级指标较少，并无权重较大的指标，导致两个一级指标的综合权重较小。

研究样本价格影响因素二级指标权重排序为 $YIL_2>ECO_3>YSF_3>CSD_3>ECO_4>PSD_2>PSD_1>YSF_2>YIL_1>PSD_3>YSF_1>CSD_4>ECO_2>CSD_2>CSD_1>ECO_1$。在 16 个二级指标中，云南省茶叶电商销售额对价格的影响较大，所占权重大于 0. 1，可见互联网改变了传统的营销模式，对普洱茶企业的销量及产品价格都有重要意义。通货膨胀率对茶叶价格的影响较大，权重接近 0. 1。云南省茶叶生产企业数量、全国饮茶人数、利率、普洱茶存储量及普洱茶产量对价格影响的权重均在 0. 0606～0. 0694 区间，可见普洱茶的价格受到供需因素的影响。云南省茶叶产量、云南省互联网普及率、普洱茶销量、云南省茶园面积、全国茶叶销量、人均可支配收入及全国茶叶产量对价格影响的权重均在 0. 0521～0. 0595 区间，并且权重差距并不大。全国茶园面积对价格影响的权重为 0. 0494，比其他二级指标影响小。在所有指标中，对价格影响最小的指标为 GDP，权重仅为 0. 0048，可见 GDP 虽影响消费者的消费水平及购买能力，但由于人们可购买和投资的产品较多，并不直接影响普洱茶价格。

二、多特征的企业产品价格影响因素的影响程度变化

本节对多特征的企业产品研究样本价格影响因素的影响程度变化进行实证测度及评价。

（一）CSD 实证测度及评价

CSD 实证测度结果见表 5.3 和表 5.4。

表 5.3 CSD 指标标准值

	CSD_1（万亩）	CSD_2（万吨）	CSD_3（亿人）	CSD_4（万吨）
2012 年	0.0904	0.0828	0.1016	0.0802
2013 年	0.0979	0.0890	0.1036	0.0866
2014 年	0.1088	0.0998	0.1052	0.0972
2015 年	0.1142	0.1054	0.1066	0.1086
2016 年	0.1178	0.1129	0.1082	0.1107
2017 年	0.1214	0.1207	0.1122	0.1175
2018 年	0.1163	0.1210	0.1131	0.1236
2019 年	0.1216	0.1292	0.1131	0.1310
2020 年	0.1111	0.1388	0.1358	0.1441
最优向量	0.1216	0.1388	0.1358	0.1441
最劣向量	0.0904	0.0828	0.1016	0.0802

表 5.4 CSD 最优接近度

年份	D^+	D^-	统计量（C_i）	排序
2012	0.096779586	0	0	9
2013	0.085964388	0.011806586	0.120757578	8
2014	0.069436005	0.030477224	0.305036924	7
2015	0.057346284	0.043640284	0.432139490	6
2016	0.050699583	0.051238972	0.502645657	5

续表

年份	D^+	D^-	统计量（C_i）	排序
2017	0.039871318	0.062462572	0.610380119	4
2018	0.035770274	0.064379995	0.642833970	3
2019	0.027853458	0.076463353	0.732991665	2
2020	0.010529661	0.093918268	0.899187460	1

由表 5.3 和表 5.4 可知，CSD 最优接近度排名为 2020 年>2019 年>2018 年>2017 年>2016 年>2015 年>2014 年>2013 年>2012 年。其中，2020 年的 C_i 值为 0.899187460，表明 CSD 对 2020 年普洱茶企业产品的价格影响具有较大优势；2012 年的 C_i 值为 0，表明 CSD 对 2012 年普洱茶企业产品的价格影响处于劣势。自 2013 年开始，CSD 对普洱茶企业产品价格的影响逐年增大。中国的茶叶种类众多，六大茶类占据了消费市场的大部分份额，尤其是绿茶，常年占据销售榜首的位置，而普洱茶并不属于六大茶类，行业中关于普洱茶的归属问题进行了激烈讨论。例如，有学者提出普洱茶中的生茶可以归在绿茶里，而普洱熟茶的后发酵工艺与黑茶有异曲同工之处，可将普洱熟茶归为黑茶。该说法虽有一定道理，但一直未得到业界的认可。普洱茶虽不属于六大茶类，但其市场重要性和影响力不容忽视。作为中国茶叶的一种，普洱茶经历了“食用—药用—品饮—文化—投资”等价值的转变，从 2003 年之前的鲜为人知、2006 年的炙手可热、2007 年的崩盘、2014 年的暴跌到 2015 年的复苏，普洱茶逐渐成为茶叶消费市场上不可或缺的一部分。时间的沉淀和积累使普洱茶从一种较为小众的产品逐渐发展成为大众饮品，全国茶叶供需情况对其影响也日益显著。如今普洱茶已不再是偏于市场一隅的产品。一方面，全国茶叶需求量的增加使茶叶的认可度有所提高，普洱茶的需求量也在一定程度上提高了；另一方面，全国茶叶的供给量增多会使茶叶市场中的替代品种类和数量增多，在需求量有限的情况下，极易导致产能过剩、价格低迷。

（二）YSF 实证测度及评价

YSF 实证测度结果见表 5.5 和表 5.6。

表 5.5　YSF 指标标准值

	YSF_1（万亩）	YSF_2（万吨）	YSF_3（家）
2012 年	0.1022	0.0828	0.0549
2013 年	0.1051	0.0920	0.0622
2014 年	0.1040	0.1017	0.0709
2015 年	0.1053	0.1104	0.0968
2016 年	0.1067	0.1150	0.1259
2017 年	0.1149	0.1189	0.1447
2018 年	0.1166	0.1213	0.1533
2019 年	0.1224	0.1219	0.1147
2020 年	0.1224	0.1354	0.1760
最优向量	0.1224	0.1354	0.1760
最劣向量	0.1022	0.0828	0.0549

表 5.6　YSF 最优接近度

年份	D^+	D^-	统计量（C_i）	排序
2012	0.133618780	0	0	9
2013	0.123022312	0.012142900	0.089837465	8
2014	0.111881249	0.024873664	0.181884975	7
2015	0.084793523	0.050326951	0.372459846	6
2016	0.056378977	0.078097707	0.580752772	4
2017	0.036206642	0.097630005	0.729471391	3
2018	0.027376233	0.106654301	0.795746296	2
2019	0.062772682	0.074281223	0.541985455	5
2020	0	0.133618780	1	1

由表 5.5 和表 5.6 可知，YSF 最优接近度排名为 2020 年>2018 年>2017 年>2016 年>2019 年>2015 年>2014 年>2013 年>2012 年。2020 年的 C_i 值为 1，表明 YSF 对 2020 年普洱茶企业产品的价格影响具有绝对优势；2012 年的 C_i 值为 0，表明 YSF 对 2012 年普洱茶企业产品的价格影响处于劣势。云南共有普洱茶、滇红、绿茶、紧压茶及花茶五类茶叶，普洱茶作

为其中最具特色的产品，既要同全国的茶类竞争，又要在省内的产品中脱颖而出。近年来，云南省在大力发展普洱茶的同时，其他茶类也得到了一定的发展，YSF 对价格的影响较大。其后分别为 2018 年、2017 年、2016 年和 2019 年。2017 年普洱茶价格出现了 50%左右的上涨，而其他产品在此时却体现出高性价比特征，产量和销量迅速增加，导致 YSF 对 2016—2019 年的价格影响较大。普洱茶行业经历了 2014 年下半年的暴跌之后，市场得以复苏，茶叶价格也逐渐恢复。价格的暴涨暴跌也给云南的其他四种茶类提供了发展契机，如红茶等异军突起，抢占了部分茶叶消费市场。因此，YSF 对 2014 年和 2015 年的茶叶价格影响较大。2012 年和 2013 年的普洱茶价格较为平稳。在云南省的茶叶市场中，普洱茶独占鳌头，而云南省其他种类茶叶尚未得到市场的广泛认可，知名度也不高，在茶叶市场的销量不容乐观，因此其他品种的茶类乃至 YSF 对其价格的影响相对较小。

（三）PSD 实证测度及评价

PSD 实证测度结果见表 5.7 和表 5.8。

表 5.7 PSD 指标标准值

	PSD_1（万吨）	PSD_2（万吨）	PSD_3（万吨）
2012 年	0.0679	0.0676	0.0699
2013 年	0.0810	0.0762	0.0800
2014 年	0.0953	0.0867	0.0918
2015 年	0.1078	0.0988	0.1018
2016 年	0.1162	0.1100	0.1102
2017 年	0.1195	0.1224	0.1163
2018 年	0.1205	0.1338	0.1300
2019 年	0.1243	0.1439	0.1361
2020 年	0.1671	0.1601	0.1634
最优向量	0.1671	0.1601	0.1634
最劣向量	0.0679	0.0676	0.0699

表 5.8　PSD 最优接近度

年份	D^+	D^-	统计量（C_i）	排序
2012	0.164767768	0	0	9
2013	0.146348364	0.018627509	0.112910504	8
2014	0.125252826	0.039885681	0.241528652	7
2015	0.105256334	0.059835766	0.362438699	6
2016	0.089082018	0.075854361	0.459900729	5
2017	0.076858389	0.088433154	0.535013180	4
2018	0.063118711	0.103718039	0.621673816	3
2019	0.053268755	0.115732790	0.684803148	2
2020	0	0.164767768	1	1

由表 5.7 和表 5.8 可知，PSD 最优接近度排名为 2020 年>2019 年>2018 年>2017 年>2016 年>2015 年>2014 年>2013 年>2012 年。2020 年的 C_i 值为 1，表明 PSD 对 2020 年普洱茶企业产品的价格影响具有绝对优势；2012 年的 C_i 值为 0，表明 PSD 对 2012 年普洱茶企业产品的价格影响处于劣势。从 2013 年开始，PSD 对普洱茶价格的影响逐年增大，这也进一步印证了供求理论。PSD 由 3 个指标组成，分别为普洱茶产量、普洱茶存储量和普洱茶销量。近年来，普洱茶产量逐年增加，2020 年已达到 20 万吨。普洱茶存储量，既可以成为供给量的一部分，也可以成为需求量的一部分：当存储者的目的为个人消费时，为需求量的一部分；当存储者的目的为投资时，在市场行情较好的情况下，投资者会选择抛货获利从而使其成为供给量的一部分，但其对产品的消耗补充又是需求量的一部分。截至 2020 年，普洱茶的存储量已达到 80 万吨，市场上大量存货积压。目前普洱茶市场的产量及存储量之和已近 100 万吨，而近年来普洱茶销量虽有一定程度的增加，2020 年也只有 10.98 万吨。可见，普洱茶的产量及存储量已远超其销量，存在严重的产能过剩及供需失衡的问题。因此，本部分对以上 3 个指标进行综合考虑，进而对 PSD 进行客观、公正的评价。在普洱茶产量及存储量逐年激增、销量稳步增长的情况下，PSD 对价格的影响逐年增大。

（四）ECO 实证测度及评价

ECO 实证测度结果见表 5.9 和表 5.10。

表 5.9　ECO 指标标准值

	ECO_1（亿元）	ECO_2（元）	ECO_3（%）	ECO_4（%）
2012 年	0.0778	0.0767	0.0498	0.1710
2013 年	0.0856	0.0843	0.0613	0.1578
2014 年	0.0926	0.0928	0.1436	0.1447
2015 年	0.0990	0.1011	0.2452	0.1315
2016 年	0.1069	0.1096	0.1628	0.0789
2017 年	0.1185	0.1195	0.1436	0.0789
2018 年	0.1300	0.1299	0.0421	0.0789
2019 年	0.1425	0.1415	0.0555	0.0789
2020 年	0.1467	0.1442	0.0957	0.0789
最优向量	0.1467	0.1442	0.2452	0.1710
最劣向量	0.0778	0.0767	0.0421	0.0789

表 5.10　ECO 最优接近度

年份	D^+	D^-	统计量（C_i）	排序
2012	0.217945698	0.092423474	0.297785613	7
2013	0.203282384	0.081969759	0.287358959	8
2014	0.128739634	0.122953820	0.488506229	3
2015	0.075433345	0.212262490	0.737801748	1
2016	0.134364447	0.128450623	0.488749077	2
2017	0.142113360	0.117510044	0.452617299	4
2018	0.224058721	0.074607688	0.249802742	9
2019	0.210898541	0.092542204	0.304976196	6
2020	0.175531467	0.110433247	0.386177880	5

由表 5.9 和表 5.10 可知，ECO 最优接近度排名为 2015 年>2016 年>2014 年>2017 年>2020 年>2019 年>2012 年>2013 年>2018 年。排名第 1 位的 C_i 值达到了 0.737801748，排名第 2~4 位的 C_i 值差距不大，排在后 3 位的 C_i 值均低于 0.3。可见，2015 年的 ECO 对普洱茶价格影响较大，主要

原因有以下两个：第一，送礼需求是普洱茶消费需求的重要部分，2014年，茶叶礼品需求骤降。第二，部分电商平台为了抢占消费市场，不断实行“降价—降质—再降价”的营销策略，使普洱茶价格一再降低，劳动力成本及房租成本却逐年剧增，普洱茶成本优势丧失。相对于需求的减少，普洱茶产量有增无减，严重的供需失衡导致2014年普洱茶价格暴跌。普洱茶的价格已经无法体现其实际价值，在价格暴跌之际，该行业未来局势尚不明朗，消费者及投资者不敢盲目消费及投资，因此在2015年，ECO对普洱茶价格影响较大。2014年、2016年、2017年、2019年及2020年五个年份，ECO对价格的影响较小，但相较于其他年份仍具有一定优势。2014年，普洱茶价格持续走低，ECO对其价格有一定影响；2016年和2017年，随着GDP的增长及人均可支配收入的增加，利率持续走低，人们开始寻求更多的投资渠道及方式，普洱茶市场也逐渐得到规范，普洱茶作为收益较为稳定的产品而受到人们青睐；2019年和2020年，政府的一系列举措及企业的推动使普洱茶市场得到进一步规范，但由于市场上的投资品种类较多，普洱茶作为其中的一种产品，获利空间有限，竞争优势不明显。2020年新冠疫情的暴发，使人们的消费和投资行为更加理性和谨慎，人们在做出消费或投资决策时，除了考虑经济发展因素，也会考虑其他因素。2012年、2013年和2018年的C_i值都不足0.3，可见ECO优势不足，主要原因是2007年普洱茶崩盘严重打击了消费者及投资者的信心，人们对普洱茶市场普遍不看好，从而制约了行业发展。另外，普洱茶在该时期仍处于未来发展之路的探索时期，渠道建设有了一定突破，更丰富的产品逐步推广到市场中，古树茶也崭露头角，但仍需要一定的时间为消费者所接受，因而并未引起消费市场的广泛重视，仅在小范围引起普洱茶爱好者的追捧，从而导致ECO的影响较小。2017年，普洱茶价格涨幅较大，使一部分投资者获益，但也使许多消费者望而却步，转而消费替代产品，因此出现了2018年ECO的劣势状态。

（五）YIL实证测度及评价

YIL实证测度结果见表5.11和表5.12。

表 5.11　YIL 指标标准值

	YIL_1（%）	YIL_2（亿元）
2012 年	0.0815	0.0121
2013 年	0.0938	0.0364
2014 年	0.1004	0.0668
2015 年	0.1070	0.0789
2016 年	0.1141	0.0911
2017 年	0.1173	0.1215
2018 年	0.1230	0.1336
2019 年	0.1276	0.1998
2020 年	0.1348	0.2594
最优向量	0.1348	0.2594
最劣向量	0.0815	0.0121

表 5.12　YIL 最优接近度

年份	D^+	D^-	统计量（C_i）	排序
2012	0.252931602	0	0	9
2013	0.226689942	0.027239908	0.107273359	8
2014	0.195626492	0.057848929	0.228223032	7
2015	0.182560636	0.071518577	0.281481417	6
2016	0.169543713	0.085453388	0.335115135	5
2017	0.139010758	0.115059257	0.452864369	4
2018	0.126305689	0.128398210	0.504107752	3
2019	0.059966673	0.193300310	0.763227436	2
2020	0	0.252931602	1	1

由表 5.11 和表 5.12 可知，YIL 最优接近度排名为 2020 年>2019 年>2018 年>2017 年>2016 年>2015 年>2014 年>2013 年>2012 年。2020 年的 C_i 值为 1，表明 YIL 对 2020 年普洱茶企业产品的价格影响具有绝对优势；2012 年的 C_i 值为 0，表明 YIL 对 2012 年普洱茶企业产品的价格影响处于

劣势。2016 年，云南省互联网普及率为 39.9%，为全国最后一名。近年来，虽然云南省互联网普及率有所提高，但仍处于全国后几位。互联网普及率对普洱茶行业的发展具有至关重要的作用。从 2013 年开始，YIL 对普洱茶价格的影响逐年增大，原因主要有以下三个：第一，普洱茶属于云南特色农副产品，独特的功效及收藏价值使其备受推崇，但由于云南的地理位置及交通不便，产品推广难度较大，互联网的介入使普洱茶的宣传推广速度加快，在一定程度上打破了地域的限制。第二，普洱茶行业的知名品牌及规模茶企较少，在一定程度上制约了该行业的发展。茶企通过互联网，可使产品在较短的时间内为更多的人知晓，互联网的运用降低了交易及获取信息的成本。第三，互联网的介入使销售渠道多元化，众筹及直播带货等方式的出现解决了普洱茶的销路问题，且已发展成为普洱茶销售的主要方式。

第五节　本章小结

本章在第四章基于产品角度的多特征的企业产品价格分析的基础上，基于市场角度分析多特征的企业产品价格并建立价格影响因素指标体系——供需因素、经济发展因素及技术因素。本章采用 TOPSIS 方法，对研究样本价格影响因素进行实证研究：一方面，对价格影响因素权重进行排序，明确企业产品价格影响因素权重；另一方面，分析各因素对企业产品价格的影响程度变化。由实证研究结果可知：①五个一级指标中的 CSD 及 ECO 对研究样本价格影响较大，这进一步印证了无论是基于企业产品的使用价值还是投资价值，以上因素都是影响价格的主要因素。②在 16 个二级指标中，YIL_2 对价格影响最大。③在各因素对价格影响程度变化的实证分析中，CSD、PSD 及 YIL 对研究样本的影响程度逐年加深，ECO 及 YSF 对价格的影响程度则呈现出不同特点。尤其值得注意的是，ECO 对企业产品价格影响程度的排序。2014 年、2015 年和 2016 年是 ECO 对企业产品价格影响程度最大的三个年份，这三年出现价格泡沫的次数最少、持续时间最短，价格相对稳定，这也验证了部分多特征的企业产品金融化属性和期货特点不明显。本章的研究不仅验证了第四章的结论，而且为第六章多特征的企业产品智能定价方法及实证研究奠定了基础。产品不同，价格影响因素及定价也不相同，有待结合具体情况进行有针对性的分析。

第六章

多特征的企业产品智能定价方法及实证研究

产品定价是企业经营策略中的重要环节，直接影响产品的销量、利润及市场占有率，甚至影响企业的长远发展。企业产品的多特征特点及价格影响因素的复杂性，使产品定价的难度增加。第四章基于产品角度初步分析了多特征的企业产品价格，第五章基于市场角度分析多特征的企业产品价格并建立了价格影响因素指标体系，进而分析影响因素的权重及影响程度变化，为本章研究奠定了基础。本章将企业、产品及市场的历史数据和对未来需求的预测结合在一起进行自学习，智能给出产品定价，为企业产品定价提供参考；将 ARIMA 模型作为传统定价方法模型，将 TOPSIS-BP 模型和 GSADF-TOPSIS-BP 模型作为智能定价方法模型，并分别进行定价训练，以体现智能定价方法的智能性和优越性，从而确定定价方法并基于价格泡沫风险等级和风险警情对产品进行最终定价。

第一节　价格预测模型及智能定价方法选择

企业在进行产品定价时，应进行科学的分析，并结合产品特点及对未来价格走势的判断进行通盘考虑，但企业通常采用定性分析方法，该方法存在一定的盲目性且容易误判市场形势，从而给企业带来重大损失。学术界常采用定量分析方法，通过分析影响产品价格的因素和预测产品未来价格进行产品定价，该方法具有一定的科学性、合理性和前瞻性。20 世纪以来，定量分析方法迅速发展，预测精度逐步提高。目前，较为成熟的价格预测方法已有 150 余种，其中，时间序列法和以 BP 神经网络为代表的智能分析预测法较为常用。时间序列法中的移动平均法、指数平滑法、自回归法和剔除季节变动法较为常用。ARIMA 模型由于具有简单、灵活等特点，成为一种广泛且常用的时间序列模型（范剑青、姚琦伟，2005；熊志斌，2011）。张方杰、胡燕京（2005）和王习涛（2006）采用 ARIMA 模型对期货价格进行预测。刘峰等（2009），曹霜、何玉成（2015）采用 ARIMA 模型对白菜价格进行实证研究，证明该模型的预测精度更高。有些学者将 ARIMA 模型应用到猪肉价格（吴培、李哲敏，2019）、中国公路物流运价指数（彭建良等，2019）和二手房价格（郑永坤、刘春，2018）等的研究中。

除了 ARIMA 模型，目前在价格预测领域广泛使用的智能算法还有人工神经网络算法、灰色预测算法、遗传算法和小波分析等。这里重点介绍人工神经网络算法。人工神经网络算法是模拟生物神经系统进行信息处理的一种数学模型，该模型更具智能性且预测效果更好，尤其是在进行改进之后，避免了传统算法的弊端，显著提高了预测准确率（贺毅岳等，2020）。BP 神经网络是目前学术界研究最成熟且应用最广泛的一种人工神经网络算法（Zhang and Wu，2008；Ham and Kostanic，2000）。该算法中的反向传播思想由 Bryson 等（1975）提出，Werbos（1974）在论文中对其做了进一步研究，但并未引起学术界的重视。Rumelhart 等（1986）在 *Nature* 上发表研究成果后，BP 神经网络逐步受到关注。但 BP 神经网络存在一定的弊端，如收敛速度慢、网络结构难以确定等，限制了其应用。近年来，有关学者对 BP 神经网络从学习算法（Vogl et al.，1988；Yu and Chen，1997）和网络结构（Lippmann，1987；Funahashi，1989；Robert，1989；Hyunjin et al.，2002）两个方面进行了一定程度的改进，使得其适用领域逐渐扩大。有些学者将 BP 神经网络应用于股票（Kimoto et al.，1990；崔文喆等，2019；冉杨帆、蒋洪迅，2018）、商品房（乔维德，2019）、二手房（李圆圆，2018）、碳市场（崔焕影、窦祥胜，2018）、页岩气产量（朱红等，2017）及锌期货价格预测（林杰、龚正，2017）等方面。很多学者对 ARIMA 模型和 BP 神经网络的预测效果进行了对比。例如：Zhang（2003）将神经网络模型与传统时间序列模型进行对比，实证结果显示，神经网络模型的预测效果优于 ARIMA 模型；马法尧（2014）的研究结果表明，BP 神经网络的预测精度优于 ARIMA 模型。也有学者提出相反的观点。例如，陈小玲（2017）的研究结果显示，BP 神经网络的预测精度不及 ARIMA 模型。

第二节　传统定价方法模型——基于 ARIMA 模型的多特征的企业产品定价模型训练

ARIMA 模型为传统时间序列预测模型，本节将通过该模型对样本数据进行实证检验，并分析实证结果。

一、样本选取

本节重点研究多特征的企业产品智能定价方法并进行实证，而智能定价方法的智能性及优越性需要同传统定价方法进行对比才能体现。首先，基于 ARIMA 模型对多特征的企业产品定价模型进行训练，根据该模型的特点，仅需要价格数据而不需要价格影响因素数据。之前章节选取了代表企业产品多特征特点的四款产品，并基于产品角度和市场角度分别分析多特征的企业产品价格并建立价格影响因素指标体系，为本章的定价模型训练奠定了基础。本章仍将前文提及的四款产品作为训练样本，将 2012 年 6 月 12 日—2020 年 12 月 27 日的周度价格数据作为训练样本数据，构建 ARIMA 模型进行训练。

二、ARIMA 模型构建

ARIMA 模型，即差分自回归平均移动模型，为 Box、Jenkins 在 1970 年提出的著名时间序列预测模型。首先，对非平稳的时间序列进行低阶差分构造平稳的新序列；其次，对新序列进行自回归和移动平均拟合，确定模型的阶数 p 和 q，即对新序列建立 ARIMA（p，q）模型，在模型诊断后进行预测，ARIMA（p，d，q）模型的方程为

$$x_t=\varphi_1 x_{t-1}+\varphi_2 x_{t-2}+\cdots+\varphi_p x_{t-p}+\varepsilon-\theta_1\varepsilon_{t-1}-\theta_2\varepsilon_{t-2}-\cdots-\theta_q\varepsilon_{t-q} \tag{6.1}$$

其中，φ_1，φ_2，…，φ_p 为自回归系数，θ_1，θ_2，…，θ_q 为移动平均系数，

p 为自回归阶次，q 为移动平均阶次，d 为差分阶数，$\{\varepsilon\}$ 为白噪声序列。

ARIMA 模型的特点是不直接考虑其他相关随机变量的变化，将预测对象随时间推移而形成的数据序列当作一个随机序列，该随机序列可通过自回归和移动平均过程生成，过去值或滞后值和随机干扰项可解释该时间序列（Wu and Ye，2014）。若该时间序列为平稳序列，其行为并不会随时间推移而发生明显变化，可通过该时间序列的过去值及现在值预测未来值，这是随机时间序列分析模型的优势所在（付钰等，2006）。

三、平稳性检验

四款产品样本期内价格走势如图 6.1 至图 6.4 所示。

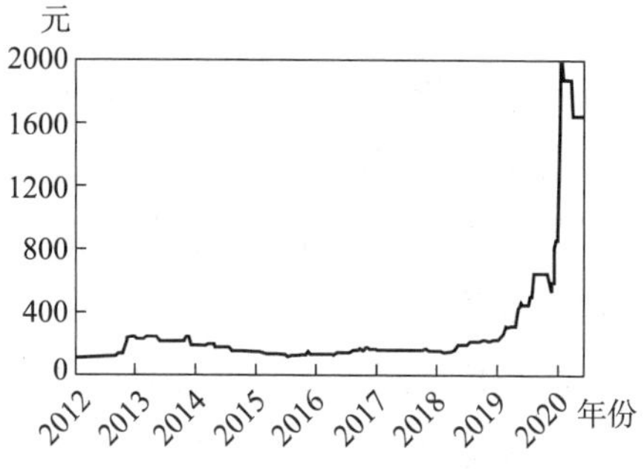

图 6.1　产品一样本期内价格走势

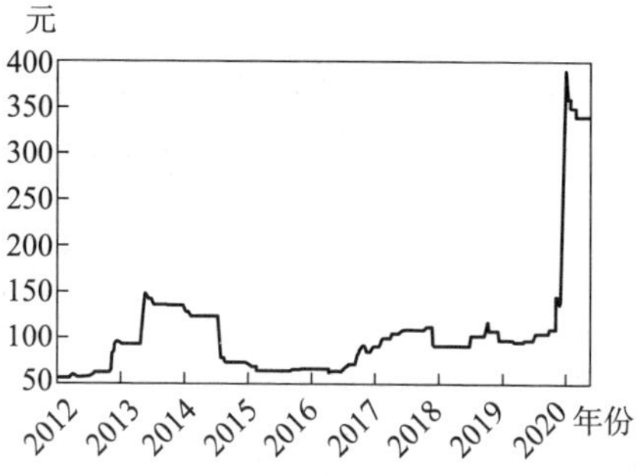

图 6.2　产品二样本期内价格走势

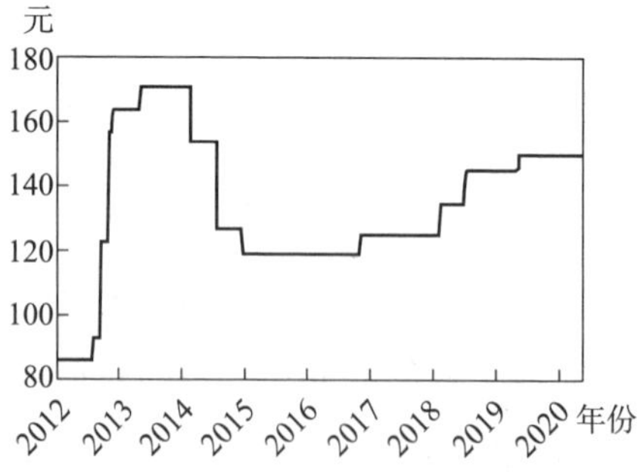

图 6.3　产品三样本期内价格走势

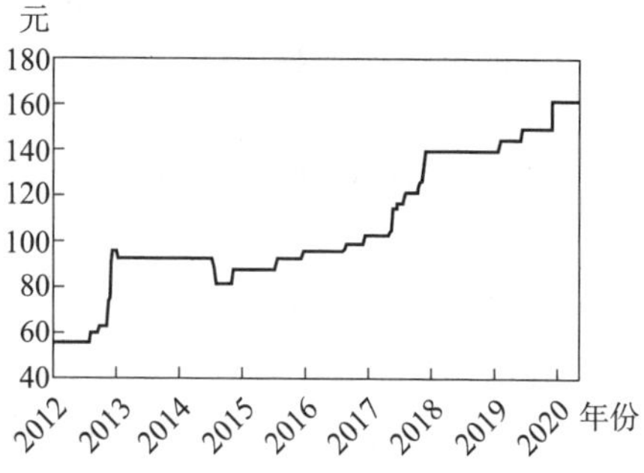

图 6.4　产品四样本期内价格走势

四款产品的时间序列可视为非平稳时间序列，后续会进行验证。该时间序列的自相关系数并没有很快地衰减向零，而是在零轴一侧上下波动。

四、序列平稳化

对原始时间序列进行一阶差分后再检验，检验结果如图 6.5 至图 6.8 所示。由图 6.5 至图 6.8 可知，四款产品的时间序列并没有明显的趋势特征，可以初步认为它们为平稳的时间序列。

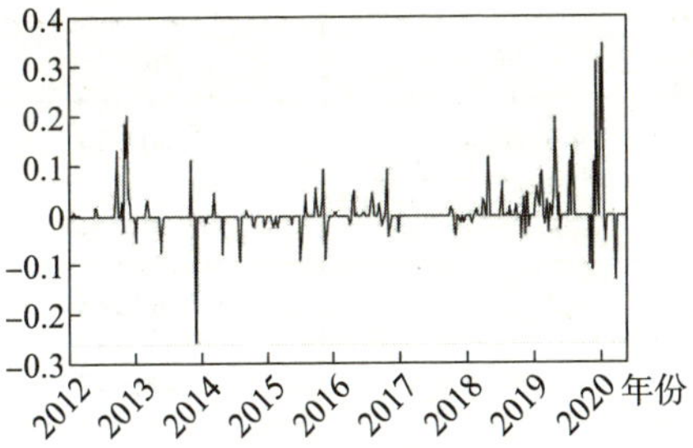

图 6.5　产品一一阶差分

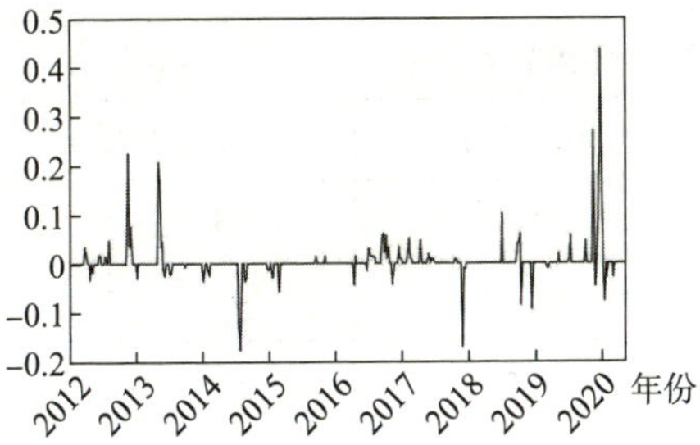

图 6.6　产品二一阶差分

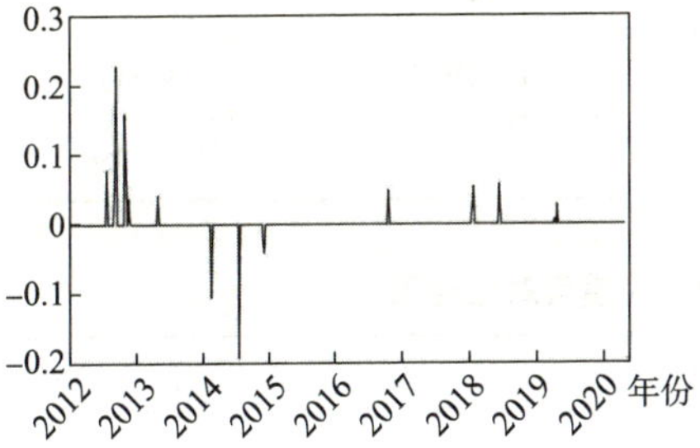

图 6.7　产品三一阶差分

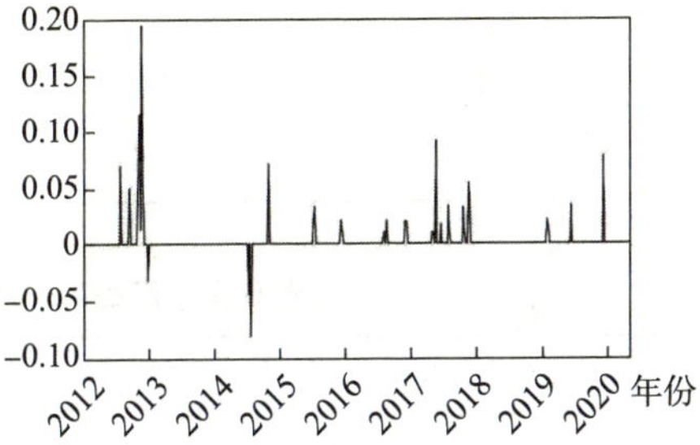

图 6.8　产品四一阶差分

对该序列进行单位根检测，四款产品的 p 值均显著小于水平值 0.05①，拒绝原假设，即四款产品的时间序列均为平稳的时间序列。

五、参数估计

前文对原时间序列进行了一阶差分，即 $d=1$，本部分对 p 和 q 进行定阶分析。将 p 和 q 分别设定为 0、1、2，共得到 9 种组合方式。ARIMA 模

① ARIMA 模型中的显著性水平有 0.01、0.05 和 0.1，通常情况下，若显著性水平小于 0.05，则说明拟合效果较好。为达到研究目的，本书选择 0.05 这一通用的显著性水平。

型权衡取舍的依据是最小信息准则，如 AIC（Akaike Info Criterion）、SC（Schwarz Criterion）和 HQ（Hannan-Quinn Criter）准则。为了取得最佳的权衡效果，本章以 AIC、SC 和 HQ 准则为确定 ARIMA 模型的准则，从而建立了更优的 ARIMA 模型。四款产品的 ARIMA 模型对比结果见表 6.1 至表 6.4。

表 6.1　产品一 ARIMA 模型对比结果

ARIMA 模型	AIC	SC	HQ
(0, 1, 0)	-3.411772	-3.402403	-3.408074
(0, 1, 1)	-3.472475	-3.444369	-3.461382
(0, 1, 2)	-3.523579	-3.486104	-3.508788
(1, 1, 0)	-3.500640	-3.472534	-3.489547
(1, 1, 1)	-3.518354	-3.480879	-3.503563
(1, 1, 2)	-3.522440	-3.475597	-3.503952
(2, 1, 0)	-3.525322	-3.487848	-3.510532
(2, 1, 1)	-3.520918	-3.474075	-3.502430
(2, 1, 2)	-3.517942	-3.461730	-3.495756

表 6.2　产品二 ARIMA 模型对比结果

ARIMA 模型	AIC	SC	HQ
(0, 1, 0)	-3.539673	-3.530305	-3.535976
(0, 1, 1)	-3.781834	-3.753728	-3.770741
(0, 1, 2)	-3.822959	-3.785484	-3.808168
(1, 1, 0)	-3.818236	-3.790131	-3.807144
(1, 1, 1)	-3.820935	-3.783460	-3.806144
(1, 1, 2)	-3.821288	-3.774445	-3.802800
(2, 1, 0)	-3.823129	-3.785654	-3.808338
(2, 1, 1)	-3.820487	-3.773644	-3.801999
(2, 1, 2)	-3.822192	-3.765980	-3.800006

表 6.3　产品三 ARIMA 模型对比结果

ARIMA 模型	AIC	SC	HQ
(0, 1, 0)	-5.092176	-5.082808	-5.088478
(0, 1, 1)	-5.116335	-5.088229	-5.105242
(0, 1, 2)	-5.111755	-5.074280	-5.096964
(1, 1, 0)	-5.115950	-5.087844	-5.104857
(1, 1, 1)	-5.111766	-5.074292	-5.096976
(1, 1, 2)	-5.121133	-5.074290	-5.102645
(2, 1, 0)	-5.111595	-5.074120	-5.096804
(2, 1, 1)	-5.113241	-5.066398	-5.094753
(2, 1, 2)	-5.122891	-5.066679	-5.100705

表 6.4　产品四 ARIMA 模型对比结果

ARIMA 模型	AIC	SC	HQ
(0, 1, 0)	-5.516691	-5.507322	-5.512993
(0, 1, 1)	-5.540037	-5.511931	-5.528944
(0, 1, 2)	-5.582552	-5.545078	-5.567762
(1, 1, 0)	-5.554325	-5.526219	-5.543232
(1, 1, 1)	-5.581052	-5.543577	-5.566261
(1, 1, 2)	-5.602353	-5.555510	-5.583865
(2, 1, 0)	-5.596715	-5.559241	-5.581925
(2, 1, 1)	-5.593595	-5.546752	-5.575107
(2, 1, 2)	-5.608146	-5.551934	-5.585960

通过对四款产品模型的 AIC 值、SC 值及 HQ 值进行对比分析可知，产品一的最优模型为（2，1，0），而产品二、产品三和产品四的三个准则并未同步指向同一模型，因此这里以两个或两个以上准则共同指向的模型为准，最终确定产品二的最优模型为（2，1，0），产品三的最优模型为（0，1，1），产品四的最优模型为（2，1，2）。

六、模型的适应性检验

确定产品的最优模型后，对拟合模型的适应性进行检验，即对模型的残差数列进行检验。若残差序列不是白噪声，则说明仍有一部分重要信息未被提取，应重新设定模型。四款产品的序列自相关及偏自相关见表6.5至表6.8。

表6.5　产品一的序列自相关及偏自相关

自相关	偏自相关	序号	自相关系数	偏自相关系数	Q统计量	P值
		1	0.003	0.003	0.0053	
		2	0.012	0.012	0.0707	
		3	−0.023	−0.023	0.3014	0.583
		4	−0.058	−0.058	1.7697	0.413
		5	0.111	0.112	7.1885	0.066
		6	−0.030	−0.031	7 5862	0.108
		7	0.009	0.004	7.6215	0.178
		8	−0.054	−0.052	8.9230	0.178
		9	−0.039	−0.027	9.5934	0.213
		10	−0.035	−0.049	10.136	0.256
		11	0.067	0.075	12.122	0.207
		12	−0.054	−0.066	13.414	0.201
		13	0.056	0.065	14.803	0.192
		14	0.039	0.040	15.486	0.216
		15	−0.081	−0.072	18.461	0.141
		16	−0.034	−0.061	19.000	0.165
		17	−0.004	0.025	19.008	0.213
		18	0.026	0.003	19.311	0.253
		19	0.045	0.038	20.248	0.262
		20	−0.023	−0.015	20.493	0.306
		21	0.079	0.097	23.375	0.221
		22	0.026	0.022	23.693	0.256
		23	0.025	0.034	23.992	0.293
		24	0.130	0.106	31.776	0.081
		25	−0.023	−0.016	32.014	0.100
		26	−0.024	−0.036	32.285	0.120
		27	0.001	0.012	32.285	0.150
		28	−0.049	−0.045	33.400	0.151
		29	−0.026	−0.034	33.724	0.174
		30	0.033	0.050	34.239	0.193
		31	0.012	0.023	34.305	0.228
		32	0.082	0.073	37.505	0.163
		33	−0.070	−0.050	39.830	0.133
		34	0.014	0.027	39.920	0.159
		35	0.104	0.080	45.021	0.079
		36	0.014	0.032	45.120	0.096

表 6.6　产品二的序列自相关及偏自相关

自相关	偏自相关	序号	自相关系数	偏自相关系数	Q统计量	P值
		1	−0.005	−0.005	0.0120	
		2	0.036	0.036	0.5881	
		3	−0.054	−0.054	1.8698	0.172
		4	−0.041	−0.043	2.6245	0.269
		5	−0.006	−0.003	2.6415	0.450
		6	0.194	0.196	19.383	0.001
		7	−0.036	−0.040	19.950	0.001
		8	0.010	−0.009	19.991	0.003
		9	−0.068	−0.048	22.066	0.002
		10	0.019	0.036	22.231	0.005
		11	−0.030	−0.029	22.643	0 007
		12	0.048	0.003	23.671	0.009
		13	−0.012	0.001	23.735	0.014
		14	0.015	0.012	23.831	0.021
		15	−0.016	0.006	23.942	0.032
		16	−0.003	−0.017	23.945	0.047
		17	−0.025	−0.011	24.219	0.061
		18	0.037	0.025	24.838	0.073
		19	−0.011	−0.004	24.896	0.097
		20	−0.010	−0.025	24.943	0.126
		21	−0.001	0.007	24.944	0.162
		22	0.040	0.048	25 694	0.176
		23	−0.039	−0.035	26.405	0.191
		24	0.115	0.101	32.530	0.069
		25	0.063	0.078	34.396	0.060
		26	−0.022	−0.027	34.619	0.074
		27	0.019	0.019	34.795	0.092
		28	−0.003	−0.002	34.799	0.116
		29	−0.016	0.006	34.913	0.141
		30	0.015	−0.032	35.013	0.169
		31	−0.024	−0.039	35.286	0.195
		32	0.029	0.041	35.693	0.218
		33	−0.017	−0.010	35.832	0.252
		34	0.014	0.010	35.929	0.289
		35	−0.027	−0.026	36.270	0.319
		36	0.001	0.007	36.270	0.363

表 6. 7　产品三的序列自相关及偏自相关

自相关	偏自相关	序号	自相关系数	偏自相关系数	Q统计量	P值
		1	0.001	0.001	0.0006	
		2	0.011	0.011	0.0525	0.819
		3	0.036	0.036	0.6154	0.735
		4	–0.005	–0.005	0.6275	0.890
		5	0.003	0.002	0.6309	0.960
		6	–0.036	–0.038	1.2193	0.943
		7	0.325	0.326	48.171	0.000
		8	0.118	0.128	54.346	0.000
		9	–0.005	–0.009	54.358	0.000
		10	0.050	0.024	55.455	0.000
		11	0.008	0.009	55.486	0.000
		12	–0.001	0.001	55.486	0.000
		13	–0.017	0.005	55.622	0.000
		14	0.073	–0.027	58.002	0.000
		15	0.028	–0.057	58.360	0.000
		16	–0.013	–0.025	58.435	0.000
		17	0.018	–0.007	58.577	0.000
		18	–0.007	–0.023	58.601	0.000
		19	0.014	0.014	58.691	0.000
		20	0.068	0.084	60.826	0.000
		21	–0.028	–0.044	61.176	0.000
		22	0.137	0.153	69.780	0.000
		23	–0.018	0.001	69.935	0.000
		24	–0.004	–0.004	69.941	0.000
		25	0.012	0.017	70.013	0.000
		26	0.037	0.051	70.657	0.000
		27	–0.011	–0.077	70.714	0.000
		28	–0.002	0.012	70.716	0.000
		29	–0.004	–0.102	70.723	0.000
		30	–0.003	-0.045	70.729	0.000
		31	–0.001	0.006	70.729	0.000
		32	–0.015	–0.028	70.830	0.000
		33	0.059	0.026	72.493	0.000
		34	–0.000	0.022	72.493	0.000
		35	–0.004	0.016	72.500	0.000
		36	–0.003	0.018	72.504	0.000

表 6.8　产品四的序列自相关及偏自相关

自相关	偏自相关	序号	自相关系数	偏自相关系数	Q统计量	P值
		1	–0.007	–0.007	0.0198	
		2	0.029	0.029	0.3788	
		3	0.003	0.004	0.3836	
		4	–0.003	–0.003	0.3868	
		5	–0.018	–0.018	0.5297	0.467
		6	0.065	0.065	2.4253	0.297
		7	0.043	0.045	3.2376	0.356
		8	–0.008	–0.011	3.2640	0.515
		9	–0.079	–0.083	6.0395	0.302
		10	0.087	0.088	9.4438	0.150
		11	0.012	0.021	9.5077	0.218
		12	–0.002	–0.010	9.5099	0.301
		13	–0.018	–0.028	9.6508	0.379
		14	–0.067	–0.071	11.676	0.307
		15	0.043	0.061	12 525	0.325
		16	–0.034	–0.034	13.062	0.365
		17	0.146	0.135	22.736	0.045
		18	0.011	0.004	22.787	0.064
		19	–0.053	–0.048	24.081	0.064
		20	–0.047	–0.044	25.092	0.068
		21	–0.006	–0.007	25.108	0.092
		22	0.032	0.043	25.592	0.109
		23	0.030	0.009	26.012	0.130
		24	–0.015	–0.014	26.112	0.162
		25	–0.048	–0.061	27.169	0.165
		26	0.049	0.092	28.293	0.166
		27	0.019	0.005	28.465	0.199
		28	–0.021	–0.046	28.669	0.233
		29	–0.014	–0.019	28.761	0.274
		30	–0.009	–0.003	28.802	0.320
		31	–0.009	0.041	28.840	0.369
		32	–0.009	–0.036	28.880	0.419
		33	–0.005	–0.022	28.891	0.471
		34	–0.009	–0.036	28.932	0.521
		35	–0.022	0.006	29.164	0.561
		36	0.002	0.016	29.166	0.611

根据四款产品的自相关及偏自相关结果，其残差序列不存在自相关，即为白噪声，因此它们为适合的模型。四款产品的模型拟合如图 6.9 至图 6.12 所示。

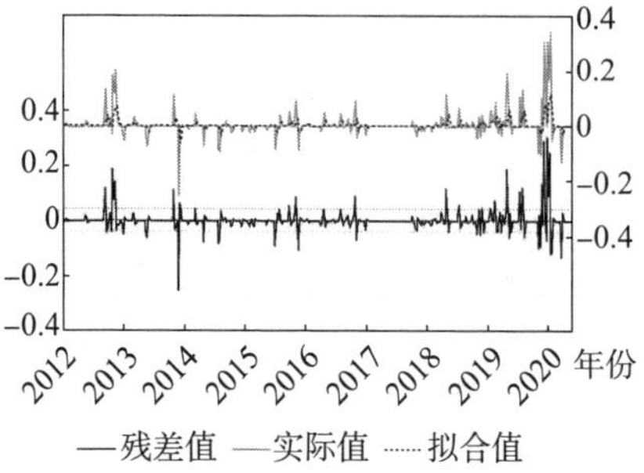

图 6.9　产品一模型拟合

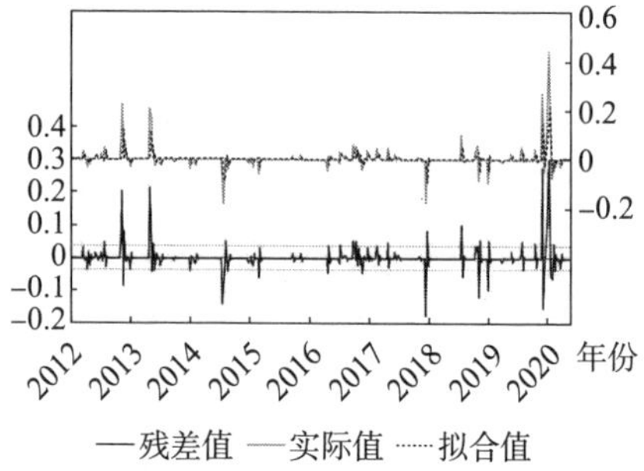

图 6.10　产品二模型拟合

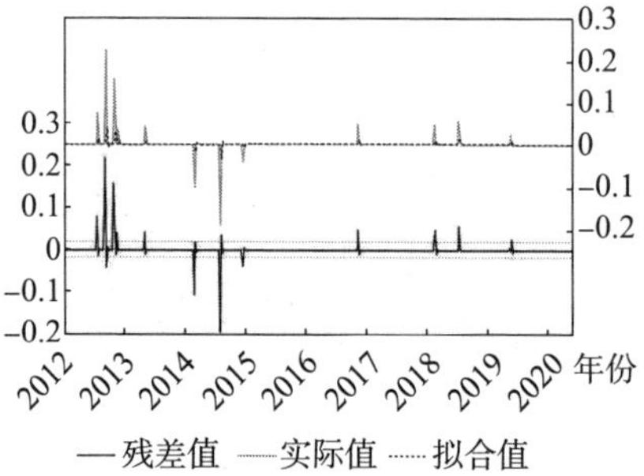

图 6.11　产品三模型拟合

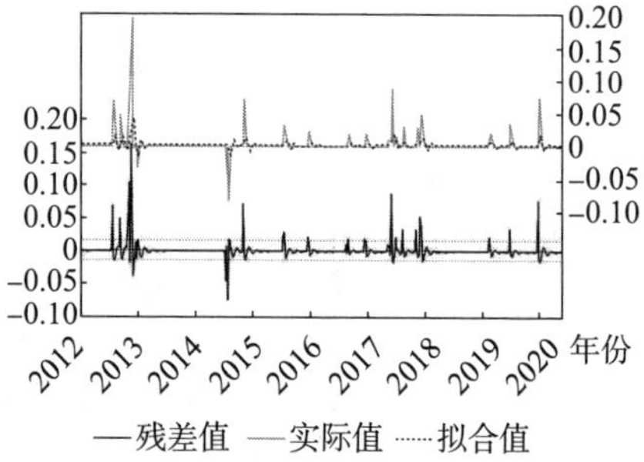

图 6.12　产品四模型拟合

七、ARIMA 模型验证及分析

（一）模型验证

将数据集分为两部分：①2012 年 6 月 12 日—2020 年 10 月 18 日，每款产品 436 条周度数据，共计 1744 条周度数据，作为训练集；②2020 年 10 月 19 日—2020 年 12 月 27 日，每款产品 10 条周度数据，共计 40 条周度数据，作为验证集。运用 ARIMA 模型进行预测，并将所得的预测值与真实值进行对比。四款产品 ARIMA 模型验证结果见表 6.9 和表 6.10。

表 6.9　产品一和产品二 ARIMA 模型验证结果

日期	产品一		产品二	
	预测值	相对误差	预测值	相对误差
2020 年 10 月 19 日—2020 年 10 月 25 日	1655.93	0.003594925	340.76	0.002249389
2020 年 10 月 26 日—2020 年 11 月 1 日	1663.39	0.008118752	341.95	0.005741567

续表

日期	产品一		产品二	
	预测值	相对误差	预测值	相对误差
2020年11月2日—2020年11月8日	1672.29	0.013512412	343.30	0.009707269
2020年11月9日—2020年11月15日	1681.85	0.019308398	344.69	0.013821483
2020年11月16日—2020年11月22日	1691.87	0.025378405	346.11	0.017980475
2020年11月23日—2020年11月29日	1702.15	0.031610019	347.53	0.022158954
2020年11月30日—2020年12月6日	1712.62	0.037952812	348.96	0.026353180
2020年12月7日—2020年12月13日	1723.21	0.044374816	350.39	0.030563607
2020年12月14日—2020年12月20日	1733.91	0.050859383	351.82	0.034790888
2020年12月21日—2020年12月27日	1744.70	0.057396933	353.27	0.039035377

表6.10　产品三及产品四ARIMA模型验证结果

日期	产品三		产品四	
	预测值	相对误差	预测值	相对误差
2020年10月19日—2020年10月25日	150.16	0.001080616	162.31	0.001942421
2020年10月26日—2020年11月1日	150.35	0.002360728	162.67	0.004164440
2020年11月2日—2020年11月8日	150.54	0.003642477	163.08	0.006669289
2020年11月9日—2020年11月15日	150.73	0.004925864	163.51	0.009329234
2020年11月16日—2020年11月22日	150.93	0.006210893	163.94	0.011994478
2020年11月23日—2020年11月29日	151.12	0.007497565	164.36	0.014571648
2020年11月30日—2020年12月6日	151.31	0.008785883	164.76	0.017046501
2020年12月7日—2020年12月13日	151.51	0.010075848	165.15	0.019460991
2020年12月14日—2020年12月20日	151.70	0.011367462	165.54	0.021872522
2020年12月21日—2020年12月27日	151.89	0.012660728	165.94	0.024321225

为了更加全面、客观地描述ARIMA模型对四款产品价格的预测结果，本章参考相关文献，采用均方误差（MSE）、平均绝对误差（MAE）两个指标衡量模型预测的好坏（王斌会，2015），又增加了平均相对误差（MRE）这一指标，其公式分别为

$$\mathrm{MSE} = \frac{1}{N}\sum_{i=1}^{N}(y_i - y_j)^2 \tag{6.2}$$

$$\mathrm{MAE} = \frac{1}{N}\sum_{i=1}^{N} |y_i - y_j| \tag{6.3}$$

$$\mathrm{MRE} = \frac{1}{N}\sum_{i=1}^{N} \frac{|y_i - y_j|}{y_i} \tag{6.4}$$

其中，y_i 表示实际值，y_j 表示预测值，N 表示预测样本数。对于不同的模型，MSE、MAE 及 MRE 的值越小，表明预测精度越高。ARIMA 模型的预测精度见表 6.11。

表 6.11 ARIMA 模型的预测精度

预测模型	MSE	MAE	MRE
产品一 ARIMA 模型	0.001106924	0.028649039	0.003867034
产品二 ARIMA 模型	0.000533642	0.019970694	0.003426125
产品三 ARIMA 模型	0.000060130	0.006830642	0.001363229
产品四 ARIMA 模型	0.000220568	0.013026289	0.002560401

（二）结果分析

由表 6.9 和表 6.10 可知，四款产品在前两周的预测结果相对误差较小，其中产品三第一周价格的预测误差仅为 0.001080616，在随后的几周内，四款产品的预测误差不断增大。ARIMA 模型在前两周的价格预测效果最好，后期的误差不断增大，但仍在可接受的范围内，说明 ARIMA 模型可以较好地预测产品价格且短期预测效果更好。表 6.11 通过 MSE、MAE 及 MRE 三个指标显示 ARIMA 模型的预测精度，可以看出产品三的误差最小，相较于产品一和产品二，产品三和产品四在三个衡量指标中误差较小，而在产品一和产品二中，产品二的预测精度更高，ARIMA 模型对产品三和产品四的预测效果更好。出现该结果的原因是，产品三不存在价格泡沫且价格走势较为平稳，这充分体现了它仅具备产品基本特征及使用价值的特点，在消费市场中主要受供需因素的影响，价格波动不大。产品四的预测效果仅次于产品三，因为该产品虽存在价格泡沫，但其价格总体起伏不大，通过 ARIMA 模型可以较好地预测其未来价格。相比之下，产品一和产品二的预测效果较差，这是由于其价格起伏较大且存在价格异常点，这同这两种产品具有其他特征和投资价值相吻合。可见，ARIMA 模型对价格起伏不大的企业产品预测效果较好，而对价格波动较大的企业产品预测效果不理想。另外，市场形势变幻莫测且价格影响因素较为复杂，该模型仅考虑时间因素，未对影响价格的因素进行多重考量，在实际的企业产品定价中是不合理的。因此，本章第三节将基于价格影响因素，通过 TOPSIS-BP 模型及 GSADF-TOPSIS-BP 模型进行定价训练。

第三节 多特征的企业产品智能定价方法模型训练

由于 ARIMA 模型存在一定的局限性，本节将构建智能定价方法模型 TOPSIS-BP 模型和 GSADF-TOPSIS-BP 模型分别进行定价训练，为定价方法的确定奠定基础。通过这两个模型对样本数据进行验证后，对实证结果进行分析。

一、基于 TOPSIS-BP 模型的多特征的企业产品定价模型训练

（一）样本选取

本节在样本选取上与第二节保持一致，即选取体现企业产品多特征特点的四款产品。与第二节不同的是，本节以 2012—2020 年四款产品的周度价格数据及其 16 个价格影响因素的周度数据为样本数据。目前已有的价格影响因素的数据大多为年度数据，而价格数据均为周度数据，二者的频度不同。为了满足实证研究的需要，本节将价格影响因素的年度数据默认为周度数据，即默认该年度数据在当年无变化，构建 TOPSIS-BP 模型进行训练。

（二）BP 神经网络模型的构建

BP 神经网络，即反向传播神经网络，是按误差逆传播算法训练的一种多层前馈网络，多用于函数逼近、模型识别分类与时间序列预测等方面。BP 神经网络模型由输入层、隐含层和输出层三部分构成。输入层各神经元接收来自外界的输入信息，传递至隐含层各神经元，隐含层为内部信息处理层，最后一个隐含层传递至输出层，最终由输出层向外界输出信

息处理结果。若实际输出与期望输出不符，则进入误差反向传播阶段。循环往复的信息正向传播和误差反向传播过程是各层权值不断调整及神经网络学习训练的过程，此过程一直进行到网络输出误差降低至可接受的程度或预先设定的学习次数才终止。BP 神经网络模型具有高度非线性和较强的泛化能力，其缺点是收敛速度慢、迭代步数多、容易陷入局部绩效且全局搜索能力差等，如图 6.13 所示。

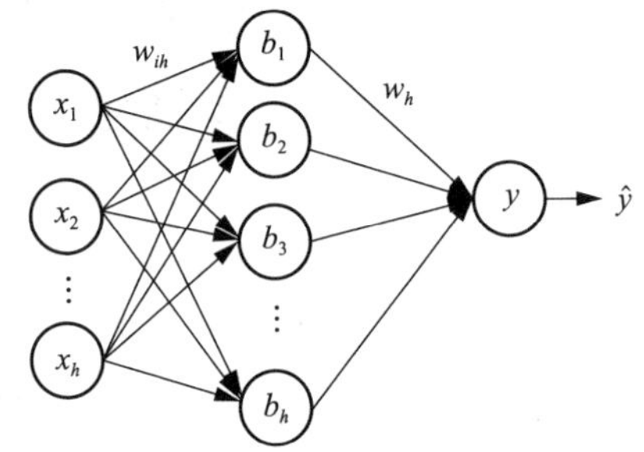

图 6.13　BP 神经网络模型

（三）数据预处理

原始样本数据过大将影响网络的训练速度和灵敏性，为避免这一问题，本节进行归一化数学处理，即将原始数据转换为无量纲的标准值，通过 premnmx 函数归一化处理原始数据样本。BP 神经网络模型训练结束后，反归一化处理网络预测输出得到的归一化数据，将其还原为产品价格数值。

（四）BP 神经网络结构设计

BP 神经网络模型需选择合适数量的隐含层节点，这对网络性能具有非常重要的意义。隐含层节点数目的设定是一个相对复杂的问题，目前尚无权威的计算方法，相关学者大多采用多次训练取最优的方法。现有计算公式的计算结果均为经验上的估计量，并不能确定是最佳节点数。常用的计算公式主要有以下三种：

$$m=\sqrt{nl} \tag{6.5}$$

$$m=\log_2 n \tag{6.6}$$

$$m=\sqrt{n+l}+\alpha \tag{6.7}$$

其中，m 为隐含层节点数目，n 为输入层节点数目，l 为输出层节点数目，α 是 1~10 之间的常数。本节选择学术界较为常用的式（6.7），先对不同节点数目进行反复实验，继而基于训练误差结果确定最优隐含层节点数目。本节的 BP 神经网络模型输入层神经元为影响价格的因素且个数为 3~16，输入层神经元个数从 3 开始设置是由于前三个因素是影响价格的重要因素，其权重占比之和达到了 0.3042，输出层神经元为产品价格且个数为 1，通过后续的 516 次训练确定最佳神经元个数。隐含层激励函数为 tansig 函数，输出层激励函数为 purelin 函数，训练函数为 trainlm 函数，网络迭代次数 Epoch 设置为 5000 次，训练误差为 0.0000001。

（五）定价模型训练

1. 产品一定价模型训练

产品一全样本数据为 2012 年 6 月 12 日—2020 年 12 月 27 日的周度价格数据，共计 446 条，将其中的 386 条作为训练集，其余 60 条作为验证集。产品一全样本数据最佳训练结果相对误差见表 6.12。通过实证检验可知，当输入层为 6、隐含层神经元个数为 11 时，预测精度最高。训练样本的网络训练经过 59 次迭代后，误差达到目标误差以下，网络训练结果如图 6.14 所示。

表 6.12 产品一全样本数据最佳训练结果相对误差

日期	相对误差	日期	相对误差
2019 年 11 月 4 日—2019 年 11 月 10 日	0.026783482	2020 年 6 月 1 日—2020 年 6 月 7 日	0.671428571
2019 年 11 月 11 日—2019 年 11 月 17 日	0.026783482	2020 年 6 月 8 日—2020 年 6 月 14 日	0.767676768
2019 年 11 月 18 日—2019 年 11 月 24 日	0.026783482	2020 年 6 月 15 日—2020 年 6 月 21 日	0.767676768
2019 年 11 月 25 日—2019 年 12 月 1 日	0.026783482	2020 年 6 月 22 日—2020 年 6 月 28 日	0.755319149
2019 年 12 月 2 日—2019 年 12 月 8 日	0.026783482	2020 年 6 月 29 日—2020 年 7 月 5 日	0.755319149
2019 年 12 月 9 日—2019 年 12 月 15 日	0.080002000	2020 年 7 月 6 日—2020 年 7 月 12 日	0.755319149
2019 年 12 月 16 日—2019 年 12 月 22 日	0.080002000	2020 年 7 月 13 日—2020 年 7 月 19 日	0.755319149
2019 年 12 月 23 日—2019 年 12 月 29 日	0.200001739	2020 年 7 月 20 日—2020 年 7 月 26 日	0.755319149
2019 年 12 月 30 日—2020 年 1 月 5 日	0.292307692	2020 年 7 月 27 日—2020 年 8 月 2 日	0.755319149
2020 年 1 月 6 日—2020 年 1 月 12 日	0.292307692	2020 年 8 月 3 日—2020 年 8 月 9 日	0.755319149

续表

日期	相对误差	日期	相对误差
2020 年 1 月 13 日—2020 年 1 月 19 日	0.292307692	2020 年 8 月 10 日—2020 年 8 月 16 日	0.755319149
2020 年 1 月 20 日—2020 年 1 月 26 日	0.292307692	2020 年 8 月 17 日—2020 年 8 月 23 日	0.721212121
2020 年 1 月 27 日—2020 年 2 月 2 日	0.292307692	2020 年 8 月 24 日—2020 年 8 月 30 日	0.721212121
2020 年 2 月 3 日—2020 年 2 月 9 日	0.292307692	2020 年 8 月 31 日—2020 年 9 月 6 日	0.721212121
2020 年 2 月 10 日—2020 年 2 月 16 日	0.292307692	2020 年 9 月 7 日—2020 年 9 月 13 日	0.721212121
2020 年 2 月 17 日—2020 年 2 月 23 日	0.292307692	2020 年 9 月 14 日—2020 年 9 月 20 日	0.721212121
2020 年 2 月 24 日—2020 年 3 月 1 日	0.292307692	2020 年 9 月 21 日—2020 年 9 月 27 日	0.721212121
2020 年 3 月 2 日—2020 年 3 月 8 日	0.292307692	2020 年 9 月 28 日—2020 年 10 月 4 日	0.721212121
2020 年 3 月 9 日—2020 年 3 月 15 日	0.292307692	2020 年 10 月 5 日—2020 年 10 月 11 日	0.721212121
2020 年 3 月 16 日—2020 年 3 月 22 日	0.292307692	2020 年 10 月 12 日—2020 年 10 月 18 日	0.721212121
2020 年 3 月 23 日—2020 年 3 月 29 日	0.292307692	2020 年 10 月 19 日—2020 年 10 月 25 日	0.721212121
2020 年 3 月 30 日—2020 年 4 月 5 日	0.220338983	2020 年 10 月 26 日—2020 年 11 月 1 日	0.721212121
2020 年 4 月 6 日—2020 年 4 月 12 日	0.220338983	2020 年 11 月 2 日—2020 年 11 月 8 日	0.721212121
2020 年 4 月 13 日—2020 年 4 月 19 日	0.132075472	2020 年 11 月 9 日—2020 年 11 月 15 日	0.721212121
2020 年 4 月 20 日—2020 年 4 月 26 日	0.220338983	2020 年 11 月 16 日—2020 年 11 月 22 日	0.721212121
2020 年 4 月 27 日—2020 年 5 月 3 日	0.220338983	2020 年 11 月 23 日—2020 年 11 月 29 日	0.721212121
2020 年 5 月 4 日—2020 年 5 月 10 日	0.428571429	2020 年 11 月 30 日—2020 年 12 月 6 日	0.721212121
2020 年 5 月 11 日—2020 年 5 月 17 日	0.465116279	2020 年 12 月 7 日—2020 年 12 月 13 日	0.721212121
2020 年 5 月 18 日—2020 年 5 月 24 日	0.465116279	2020 年 12 月 14 日—2020 年 12 月 20 日	0.721212121
2020 年 5 月 25 日—2020 年 5 月 31 日	0.610169492	2020 年 12 月 21 日—2020 年 12 月 27 日	0.721212121

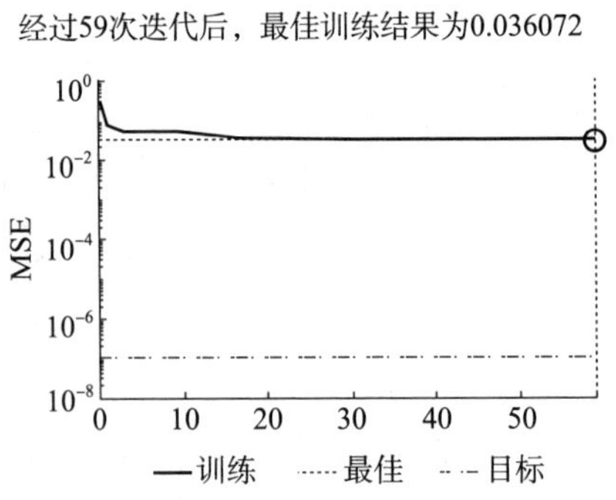

图 6.14　产品一全样本数据训练误差曲线

2. 产品二定价模型训练

产品二全样本数据为2012年6月12日—2020年12月27日的周度价格数据，共计446条，将其中的386条作为训练集，其余60条作为验证集。产品二全样本数据最佳训练结果相对误差见表6.13。通过实证检验可知，当输入层为5、隐含层神经元个数为10时，预测精度最高。训练样本的网络训练经过144次迭代后，误差达到目标误差以下，网络训练结果如图6.15所示。

表6.13　产品二全样本数据最佳训练结果相对误差

日期	相对误差	日期	相对误差
2019年11月4日—2019年11月10日	0.510132653	2020年6月1日—2020年6月7日	0.541538462
2019年11月11日—2019年11月17日	0.510132653	2020年6月8日—2020年6月14日	0.617948718
2019年11月18日—2019年11月24日	0.510132653	2020年6月15日—2020年6月21日	0.617948718
2019年11月25日—2019年12月1日	0.510132653	2020年6月22日—2020年6月28日	0.586111111
2019年12月2日—2019年12月8日	0.510132653	2020年6月29日—2020年7月5日	0.586111111
2019年12月9日—2019年12月15日	0.494878788	2020年7月6日—2020年7月12日	0.574285714
2019年12月16日—2019年12月22日	0.409457143	2020年7月13日—2020年7月19日	0.574285714
2019年12月23日—2019年12月29日	0.409457143	2020年7月20日—2020年7月26日	0.574285714
2019年12月30日—2020年1月5日	0.419047619	2020年7月27日—2020年8月2日	0.574285714
2020年1月6日—2020年1月12日	0.419047619	2020年8月3日—2020年8月9日	0.574285714
2020年1月13日—2020年1月19日	0.419047619	2020年8月10日—2020年8月16日	0.561764706
2020年1月20日—2020年1月26日	0.419047619	2020年8月17日—2020年8月23日	0.561764706
2020年1月27日—2020年2月2日	0.419047619	2020年8月24日—2020年8月30日	0.561764706
2020年2月3日—2020年2月9日	0.419047619	2020年8月31日—2020年9月6日	0.561764706
2020年2月10日—2020年2月16日	0.419047619	2020年9月7日—2020年9月13日	0.561764706
2020年2月17日—2020年2月23日	0.419047619	2020年9月14日—2020年9月20日	0.561764706
2020年2月24日—2020年3月1日	0.419047619	2020年9月21日—2020年9月27日	0.561764706
2020年3月2日—2020年3月8日	0.419047619	2020年9月28日—2020年10月4日	0.561764706
2020年3月9日—2020年3月15日	0.354545455	2020年10月5日—2020年10月11日	0.561764706
2020年3月16日—2020年3月22日	0.354545455	2020年10月12日—2020年10月18日	0.561764706
2020年3月23日—2020年3月29日	0.354545455	2020年10月19日—2020年10月25日	0.561764706
2020年3月30日—2020年4月5日	0.354545455	2020年10月26日—2020年11月1日	0.561764706
2020年4月6日—2020年4月12日	0.354545455	2020年11月2日—2020年11月8日	0.561764706

续表

日期	相对误差	日期	相对误差
2020年4月13日—2020年4月19日	0.354545455	2020年11月9日—2020年11月15日	0.561764706
2020年4月20日—2020年4月26日	0.027586207	2020年11月16日—2020年11月22日	0.561764706
2020年4月27日—2020年5月3日	0.027586207	2020年11月23日—2020年11月29日	0.561764706
2020年5月4日—2020年5月10日	0.079710145	2020年11月30日—2020年12月6日	0.561764706
2020年5月11日—2020年5月17日	0.064285714	2020年12月7日—2020年12月13日	0.561764706
2020年5月18日—2020年5月24日	0.050955414	2020年12月14日—2020年12月20日	0.561764706
2020年5月25日—2020年5月31日	0.283653846	2020年12月21日—2020年12月27日	0.561764706

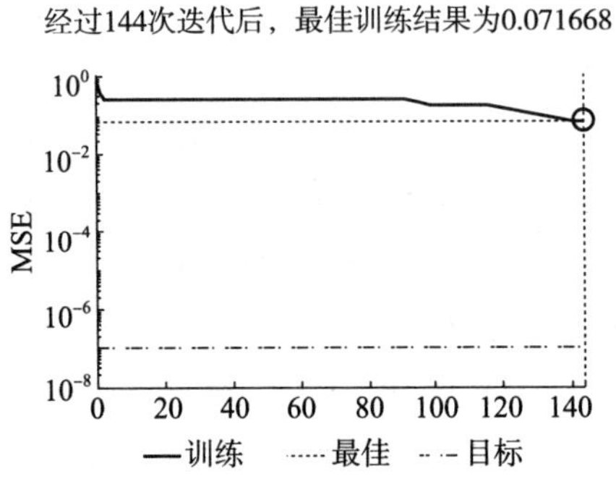

图6.15 产品二全样本数据训练误差曲线

3. 产品三定价模型训练

产品三全样本数据为2012年6月12日—2020年12月27日的周度价格数据，共计446条，将其中的386条作为训练集，其余60条作为验证集。产品三全样本数据最佳训练结果相对误差见表6.14。通过实证检验可知，当输入层为11、隐含层神经元个数为7时，预测精度最高。训练样本的网络训练经过40次迭代后，误差达到目标误差以下，网络训练结果如图6.16所示。

表6.14 产品三全样本数据最佳训练结果相对误差

日期	相对误差	日期	相对误差
2019年11月4日—2019年11月10日	0.031393333	2020年6月1日—2020年6月7日	0.031133333
2019年11月11日—2019年11月17日	0.031393333	2020年6月8日—2020年6月14日	0.031133333

续表

日期	相对误差	日期	相对误差
2019 年 11 月 18 日—2019 年 11 月 24 日	0.031393333	2020 年 6 月 15 日—2020 年 6 月 21 日	0.031133333
2019 年 11 月 25 日—2019 年 12 月 1 日	0.031393333	2020 年 6 月 22 日—2020 年 6 月 28 日	0.031133333
2019 年 12 月 2 日—2019 年 12 月 8 日	0.031393333	2020 年 6 月 29 日—2020 年 7 月 5 日	0.031133333
2019 年 12 月 9 日—2019 年 12 月 15 日	0.031393333	2020 年 7 月 6 日—2020 年 7 月 12 日	0.031133333
2019 年 12 月 16 日—2019 年 12 月 22 日	0.031393333	2020 年 7 月 13 日—2020 年 7 月 19 日	0.031133333
2019 年 12 月 23 日—2019 年 12 月 29 日	0.031393333	2020 年 7 月 20 日—2020 年 7 月 26 日	0.031133333
2019 年 12 月 30 日—2020 年 1 月 5 日	0.031133333	2020 年 7 月 27 日—2020 年 8 月 2 日	0.031133333
2020 年 1 月 6 日—2020 年 1 月 12 日	0.031133333	2020 年 8 月 3 日—2020 年 8 月 9 日	0.031133333
2020 年 1 月 13 日—2020 年 1 月 19 日	0.031133333	2020 年 8 月 10 日—2020 年 8 月 16 日	0.031133333
2020 年 1 月 20 日—2020 年 1 月 26 日	0.031133333	2020 年 8 月 17 日—2020 年 8 月 23 日	0.031133333
2020 年 1 月 27 日—2020 年 2 月 2 日	0.031133333	2020 年 8 月 24 日—2020 年 8 月 30 日	0.031133333
2020 年 2 月 3 日—2020 年 2 月 9 日	0.031133333	2020 年 8 月 31 日—2020 年 9 月 6 日	0.031133333
2020 年 2 月 10 日—2020 年 2 月 16 日	0.031133333	2020 年 9 月 7 日—2020 年 9 月 13 日	0.031133333
2020 年 2 月 17 日—2020 年 2 月 23 日	0.031133333	2020 年 9 月 14 日—2020 年 9 月 20 日	0.031133333
2020 年 2 月 24 日—2020 年 3 月 1 日	0.031133333	2020 年 9 月 21 日—2020 年 9 月 27 日	0.031133333
2020 年 3 月 2 日—2020 年 3 月 8 日	0.031133333	2020 年 9 月 28 日—2020 年 10 月 4 日	0.031133333
2020 年 3 月 9 日—2020 年 3 月 15 日	0.031133333	2020 年 10 月 5 日—2020 年 10 月 11 日	0.031133333
2020 年 3 月 16 日—2020 年 3 月 22 日	0.031133333	2020 年 10 月 12 日—2020 年 10 月 18 日	0.031133333
2020 年 3 月 23 日—2020 年 3 月 29 日	0.031133333	2020 年 10 月 19 日—2020 年 10 月 25 日	0.031133333
2020 年 3 月 30 日—2020 年 4 月 5 日	0.031133333	2020 年 10 月 26 日—2020 年 11 月 1 日	0.031133333
2020 年 4 月 6 日—2020 年 4 月 12 日	0.031133333	2020 年 11 月 2 日—2020 年 11 月 8 日	0.031133333
2020 年 4 月 13 日—2020 年 4 月 19 日	0.031133333	2020 年 11 月 9 日—2020 年 11 月 15 日	0.031133333
2020 年 4 月 20 日—2020 年 4 月 26 日	0.031133333	2020 年 11 月 16 日—2020 年 11 月 22 日	0.031133333
2020 年 4 月 27 日—2020 年 5 月 3 日	0.031133333	2020 年 11 月 23 日—2020 年 11 月 29 日	0.031133333
2020 年 5 月 4 日—2020 年 5 月 10 日	0.031133333	2020 年 11 月 30 日—2020 年 12 月 6 日	0.031133333
2020 年 5 月 11 日—2020 年 5 月 17 日	0.031133333	2020 年 12 月 7 日—2020 年 12 月 13 日	0.031133333
2020 年 5 月 18 日—2020 年 5 月 24 日	0.031133333	2020 年 12 月 14 日—2020 年 12 月 20 日	0.031133333
2020 年 5 月 25 日—2020 年 5 月 31 日	0.031133333	2020 年 12 月 21 日—2020 年 12 月 27 日	0.031133333

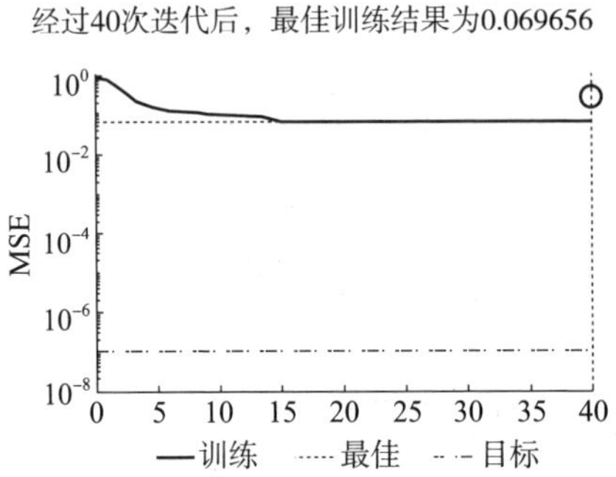

图 6.16　产品三全样本数据训练误差曲线

4. 产品四定价模型训练

产品四全样本数据为 2012 年 6 月 12 日—2020 年 12 月 27 日的周度价格数据，共计 446 条，将其中的 386 条作为训练集，其余 60 条作为验证集。产品四全样本数据最佳训练结果相对误差见表 6.15。通过实证检验可知，当输入层为 5、隐含层神经元个数为 6 时，预测精度最高。训练样本的网络训练经过 572 次迭代后，误差达到目标误差以下，网络训练结果如图 6.17 所示。

表 6.15　产品四全样本数据最佳训练结果相对误差

日期	相对误差	日期	相对误差
2019 年 11 月 4 日—2019 年 11 月 10 日	0.000000000	2020 年 6 月 1 日—2020 年 6 月 7 日	0.104938272
2019 年 11 月 11 日—2019 年 11 月 17 日	0.000000000	2020 年 6 月 8 日—2020 年 6 月 14 日	0.104938272
2019 年 11 月 18 日—2019 年 11 月 24 日	0.033333333	2020 年 6 月 15 日—2020 年 6 月 21 日	0.104938272
2019 年 11 月 25 日—2019 年 12 月 1 日	0.033333333	2020 年 6 月 22 日—2020 年 6 月 28 日	0.104938272
2019 年 12 月 2 日—2019 年 12 月 8 日	0.033333333	2020 年 6 月 29 日—2020 年 7 月 5 日	0.104938272
2019 年 12 月 9 日—2019 年 12 月 15 日	0.033333333	2020 年 7 月 6 日—2020 年 7 月 12 日	0.104938272
2019 年 12 月 16 日—2019 年 12 月 22 日	0.033333333	2020 年 7 月 13 日—2020 年 7 月 19 日	0.104938272
2019 年 12 月 23 日—2019 年 12 月 29 日	0.033333333	2020 年 7 月 20 日—2020 年 7 月 26 日	0.104938272
2019 年 12 月 30 日—2020 年 1 月 5 日	0.033333333	2020 年 7 月 27 日—2020 年 8 月 2 日	0.104938272
2020 年 1 月 6 日—2020 年 1 月 12 日	0.033333333	2020 年 8 月 3 日—2020 年 8 月 9 日	0.104938272
2020 年 1 月 13 日—2020 年 1 月 19 日	0.033333333	2020 年 8 月 10 日—2020 年 8 月 16 日	0.104938272
2020 年 1 月 20 日—2020 年 1 月 26 日	0.033333333	2020 年 8 月 17 日—2020 年 8 月 23 日	0.104938272

续表

日期	相对误差	日期	相对误差
2020年1月27日—2020年2月2日	0.033333333	2020年8月24日—2020年8月30日	0.104938272
2020年2月3日—2020年2月9日	0.033333333	2020年8月31日—2020年9月6日	0.104938272
2020年2月10日—2020年2月16日	0.033333333	2020年9月7日—2020年9月13日	0.104938272
2020年2月17日—2020年2月23日	0.033333333	2020年9月14日—2020年9月20日	0.104938272
2020年2月24日—2020年3月1日	0.033333333	2020年9月21日—2020年9月27日	0.104938272
2020年3月2日—2020年3月8日	0.033333333	2020年9月28日—2020年10月4日	0.104938272
2020年3月9日—2020年3月15日	0.033333333	2020年10月5日—2020年10月11日	0.104938272
2020年3月16日—2020年3月22日	0.033333333	2020年10月12日—2020年10月18日	0.104938272
2020年3月23日—2020年3月29日	0.033333333	2020年10月19日—2020年10月25日	0.104938272
2020年3月30日—2020年4月5日	0.033333333	2020年10月26日—2020年11月1日	0.104938272
2020年4月6日—2020年4月12日	0.033333333	2020年11月2日—2020年11月8日	0.104938272
2020年4月13日—2020年4月19日	0.033333333	2020年11月9日—2020年11月15日	0.104938272
2020年4月20日—2020年4月26日	0.033333333	2020年11月16日—2020年11月22日	0.104938272
2020年4月27日—2020年5月3日	0.033333333	2020年11月23日—2020年11月29日	0.104938272
2020年5月4日—2020年5月10日	0.033333333	2020年11月30日—2020年12月6日	0.104938272
2020年5月11日—2020年5月17日	0.033333333	2020年12月7日—2020年12月13日	0.104938272
2020年5月18日—2020年5月24日	0.104938272	2020年12月14日—2020年12月20日	0.104938272
2020年5月25日—2020年5月31日	0.104938272	2020年12月21日—2020年12月27日	0.104938272

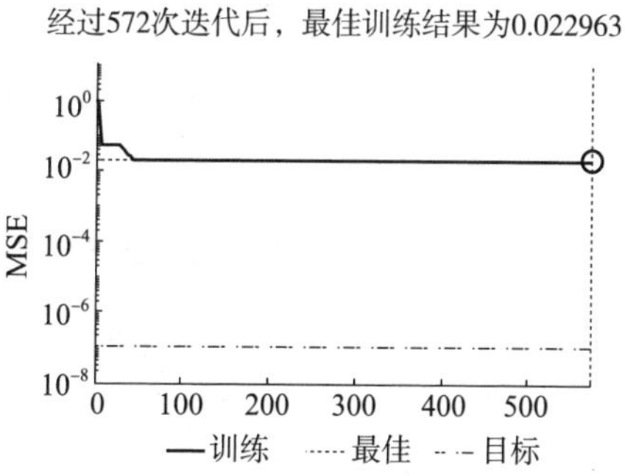

图 6.17　产品四全样本数据训练误差曲线

四款产品 TOPSIS-BP 模型的预测精度见表 6.16。

表 6.16　TOPSIS-BP 模型的预测精度

类别	MSE	MAE	MRE
产品一	0.937105358	0.807841748	0.111101430
产品二	0.407078122	0.571465427	0.104209543
产品三	0.001002621	0.031664061	0.006319371
产品四	0.007052978	0.073817389	0.014553637

（六）结果分析

表 6.12 至表 6.15 列示了四款产品价格预测的相对误差，产品一在输入层为 6 时、产品二在输入层为 5 时、产品三在输入层为 11 时、产品四在输入层为 5 时预测精度最高，说明价格影响因素对这四种产品的影响不同，具体见表 6.17。产品一、产品二和产品四预测精度最高时的价格影响因素较为接近，除受供需因素中的 YSF_3、CSD_3 影响外，还受到技术因素中的 YIL_2 及经济发展因素中的 ECO_3、ECO_4 影响，YIL_2 和 ECO_3 是排名靠前的两个因素，究其原因，主要是产品一和产品二除具有产品的基本特征外，还具有其他特征——同时具有使用价值和投资价值等。产品四虽主要具有基本特征和使用价值，但更具性价比，使其显示出异质特点，消费者的争相购买加大了需求量，导致出现价格泡沫。相比之下，产品三不存在价格泡沫，且该产品具有基本特征和使用价值，其价格预测精度最高时的影响因素较多，即受供需因素、经济发展因素和技术因素的共同影响，但受供需因素的影响最大。

表 6.17　四款产品最高预测精度的价格影响因素

类别	价格影响因素
产品一	YIL_2、ECO_3、YSF_3、CSD_3、ECO_4、PSD_2
产品二	YIL_2、ECO_3、YSF_3、CSD_3、ECO_4
产品三	YIL_2、ECO_3、YSF_3、CSD_3、ECO_4、PSD_2、PSD_1、YSF_2、YIL_1、PSD_3、YSF_1
产品四	YIL_2、ECO_3、YSF_3、CSD_3、ECO_4

表 6.16 通过 MSE、MAE 及 MRE 三个指标列示了 TOPSIS-BP 模型的

预测精度。由表6.16可知，产品三的误差最小；与产品一和产品二相比，产品三和产品四的误差较小；在产品一和产品二中，产品二的预测精度更优。TOPSIS-BP模型对产品三和产品四的预测效果更好，出现该结果的原因与第二节的分析无太大出入。但该模型总体预测效果并不好，其预测精度远低于ARIMA模型，并未体现出智能性及优越性。究其原因，主要是产品价格泡沫导致的价格异常波动。因此，需要加入价格泡沫因素，进一步对多特征的企业产品智能定价模型进行训练。

二、基于GSADF-TOPSIS-BP模型的多特征的企业产品定价模型训练

TOPSIS-BP模型的预测精度并不高，无法充分体现出智能性和优越性，主要原因为产品价格泡沫导致的价格异常波动。这里加入价格泡沫因素，构建GSADF-TOPSIS-BP模型进行定价训练，并通过该模型对样本数据进行验证，继而分析实证结果。

（一）样本选取

本部分样本依然为体现企业产品多特征特点的前述四款产品，以2012—2020年这四款产品无泡沫期间的周度价格数据及其16个价格影响因素的周度数据为样本数据，构建GSADF-TOPSIS-BP模型进行训练。

（二）定价模型训练

1. 产品一定价模型训练

产品一无泡沫期间，共计296条周度价格数据，将其中的236条作为训练集，其余60条作为验证集。产品一无泡沫期间最佳训练结果相对误差见表6.18。通过实证检验可知，当输入层为6、隐含层神经元个数为6时，预测精度最高。训练样本的网络训练经过4次迭代后，误差达到目标误差以下，产品一无泡沫期间数据训练误差曲线如图6.18所示。

表 6.18 产品一无泡沫期间最佳训练结果相对误差

日期	相对误差	日期	相对误差
2017年7月31日—2017年8月6日	0.034006250	2018年2月26日—2018年3月4日	0.034000000
2017年8月7日—2017年8月13日	0.034006250	2018年3月5日—2018年3月11日	0.051779141
2017年8月14日—2017年8月20日	0.034006250	2018年3月12日—2018年3月18日	0.063272727
2017年8月21日—2017年8月27日	0.034006250	2018年3月26日—2018年4月1日	0.040000000
2017年8月28日—2017年9月3日	0.034006250	2018年4月2日—2018年4月8日	0.002838710
2017年9月4日—2017年9月10日	0.034006250	2018年4月9日—2018年4月15日	0.002838710
2017年9月11日—2017年9月17日	0.034006250	2018年4月16日—2018年4月22日	0.002838710
2017年9月18日—2017年9月24日	0.034006250	2018年4月23日—2018年4月29日	0.003636364
2017年9月25日—2017年10月1日	0.034006250	2018年4月30日—2018年5月6日	0.016842105
2017年10月2日—2017年10月8日	0.034006250	2018年5月7日—2018年5月13日	0.016842105
2017年10月9日—2017年10月15日	0.034006250	2018年5月14日—2018年5月20日	0.030400000
2017年10月16日—2017年10月22日	0.034006250	2018年5月28日—2018年6月3日	0.037315436
2017年10月23日—2017年10月29日	0.034006250	2018年6月4日—2018年6月10日	0.037315436
2017年10月30日—2017年11月5日	0.034006250	2018年6月11日—2018年6月17日	0.037315436
2017年11月6日—2017年11月12日	0.034006250	2018年6月18日—2018年6月24日	0.037315436
2017年11月13日—2017年11月19日	0.034006250	2018年7月23日—2018年7月29日	0.044324324
2017年11月20日—2017年11月26日	0.034006250	2018年7月30日—2018年8月5日	0.044324324
2017年11月27日—2017年12月3日	0.034006250	2018年8月6日—2018年8月12日	0.044324324
2017年12月4日—2017年12月10日	0.034006250	2018年8月13日—2018年8月19日	0.044324324
2017年12月11日—2017年12月17日	0.034006250	2018年8月20日—2018年8月26日	0.044324324
2017年12月18日—2017年12月24日	0.034006250	2018年8月27日—2018年9月2日	0.010196078
2017年12月25日—2017年12月31日	0.034006250	2018年9月3日—2018年9月9日	0.015541401
2018年1月1日—2018年1月7日	0.034000000	2018年9月10日—2018年9月16日	0.021772152
2018年1月8日—2018年1月14日	0.034000000	2018年9月17日—2018年9月23日	0.021772152
2018年1月15日—2018年1月21日	0.034000000	2018年9月24日—2018年9月30日	0.131685393
2018年1月22日—2018年1月28日	0.034000000	2018年11月5日—2018年11月11日	0.186526316
2018年1月29日—2018年2月4日	0.034000000	2018年11月12日—2018年11月18日	0.186526316
2018年2月5日—2018年2月11日	0.034000000	2018年11月19日—2018年11月25日	0.186526316
2018年2月12日—2018年2月18日	0.034000000	2018年11月26日—2018年12月2日	0.186526316
2018年2月19日—2018年2月25日	0.034000000	2019年4月15日—2019年4月21日	0.264000000

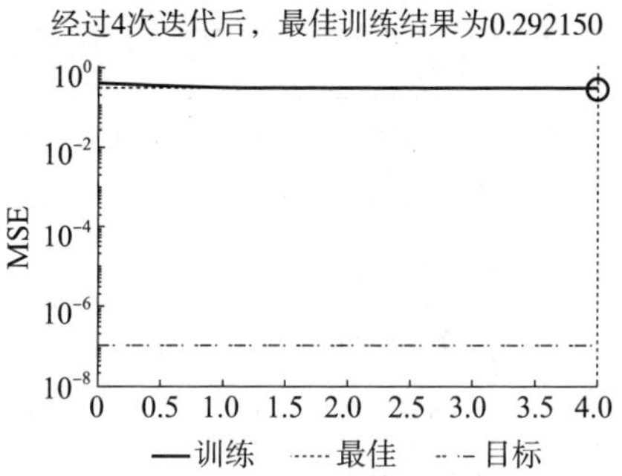

图 6.18　产品一无泡沫期间数据训练误差曲线

2. 产品二定价模型训练

产品二无泡沫期间，共计 287 条周度价格数据，将其中的 227 条作为训练集，其余 60 条作为验证集。产品二无泡沫期间最佳训练结果相对误差见表 6.19。通过实证检验可知，当输入层为 13、隐含层神经元个数为 13 时，预测精度最高。训练样本的网络训练经过 39 次迭代后，误差达到目标误差以下，产品二无泡沫期间数据训练误差曲线如图 6.19 所示。

表 6.19　产品二无泡沫期间最佳训练结果相对误差

日期	相对误差	日期	相对误差
2019 年 2 月 25 日—2019 年 3 月 3 日	0.039833333	2019 年 10 月 7 日—2019 年 10 月 13 日	0.104822917
2019 年 3 月 4 日—2019 年 3 月 10 日	0.000594340	2019 年 10 月 14 日—2019 年 10 月 20 日	0.082275510
2019 年 3 月 25 日—2019 年 3 月 31 日	0.017935185	2019 年 10 月 21 日—2019 年 10 月 27 日	0.082275510
2019 年 4 月 1 日—2019 年 4 月 7 日	0.017935185	2019 年 10 月 28 日—2019 年 11 月 3 日	0.082275510
2019 年 4 月 8 日—2019 年 4 月 14 日	0.017935185	2019 年 11 月 4 日—2019 年 11 月 10 日	0.082275510
2019 年 4 月 15 日—2019 年 4 月 21 日	0.017935185	2019 年 11 月 11 日—2019 年 11 月 17 日	0.082275510
2019 年 4 月 22 日—2019 年 4 月 28 日	0.017935185	2019 年 11 月 18 日—2019 年 11 月 24 日	0.082275510
2019 年 4 月 29 日—2019 年 5 月 5 日	0.017935185	2019 年 11 月 25 日—2019 年 12 月 1 日	0.082275510
2019 年 5 月 6 日—2019 年 5 月 12 日	0.017935185	2019 年 12 月 2 日—2019 年 12 月 8 日	0.082275510
2019 年 5 月 13 日—2019 年 5 月 19 日	0.017935185	2019 年 12 月 9 日—2019 年 12 月 15 日	0.071343434
2019 年 5 月 20 日—2019 年 5 月 26 日	0.082275510	2019 年 12 月 16 日—2019 年 12 月 22 日	0.010123810
2019 年 5 月 27 日—2019 年 6 月 2 日	0.082275510	2019 年 12 月 23 日—2019 年 12 月 29 日	0.010123810

续表

日期	相对误差	日期	相对误差
2019年6月3日—2019年6月9日	0.082275510	2019年12月30日—2020年1月5日	0.010323810
2019年6月10日—2019年6月16日	0.082275510	2020年1月6日—2020年1月12日	0.010323810
2019年6月17日—2019年6月23日	0.082275510	2020年1月13日—2020年1月19日	0.010323810
2019年6月24日—2019年6月30日	0.082275510	2020年1月20日—2020年1月26日	0.010323810
2019年7月1日—2019年7月7日	0.082275510	2020年1月27日—2020年2月2日	0.010323810
2019年7月8日—2019年7月14日	0.082275510	2020年2月3日—2020年2月9日	0.010323810
2019年7月15日—2019年7月21日	0.082275510	2020年2月10日—2020年2月16日	0.010323810
2019年7月22日—2019年7月28日	0.082275510	2020年2月17日—2020年2月23日	0.010323810
2019年7月29日—2019年8月4日	0.082275510	2020年2月24日—2020年3月1日	0.010323810
2019年8月5日—2019年8月11日	0.082275510	2020年3月2日—2020年3月8日	0.010323810
2019年8月12日—2019年8月18日	0.093432990	2020年3月9日—2020年3月15日	0.035600000
2019年8月19日—2019年8月25日	0.104822917	2020年3月16日—2020年3月22日	0.035600000
2019年8月26日—2019年9月1日	0.104822917	2020年3月23日—2020年3月29日	0.035600000
2019年9月2日—2019年9月8日	0.104822917	2020年3月30日—2020年4月5日	0.035600000
2019年9月9日—2019年9月15日	0.104822917	2020年4月6日—2020年4月12日	0.035600000
2019年9月16日—2019年9月22日	0.104822917	2020年4月13日—2020年4月19日	0.035600000
2019年9月23日—2019年9月29日	0.104822917	2020年5月4日—2020年5月10日	0.035600000
2019年9月30日—2019年10月6日	0.104822917	2020年5月11日—2020年5月17日	0.035600000

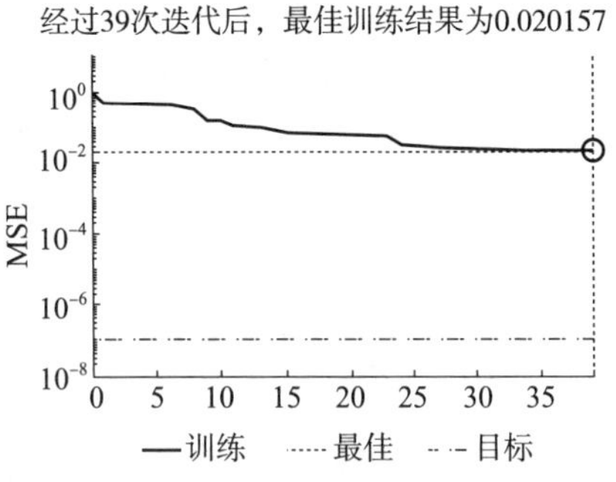

图 6.19　产品二无泡沫期间数据训练误差曲线

3. 产品四定价模型训练

产品四无泡沫期间，共计 144 条周度价格数据，将其中的 114 条数据作为训练集，其余 30 条数据作为验证集。产品四无泡沫期间最佳训练结果相对误差见表 6. 20。在实证检验中，当输入层为 3、隐含层神经元个数为 7 时，预测精度最高。训练样本的网络训练经过 39 次迭代后，误差达到目标误差以下，产品四无泡沫期间数据训练误差曲线如图 6. 20 所示。

表 6. 20　产品四无泡沫期间最佳训练结果相对误差

日期	相对误差	日期	相对误差
2015 年 10 月 26 日—2015 年 11 月 1 日	0. 008227273	2016 年 2 月 8 日—2016 年 2 月 14 日	0. 001548387
2015 年 11 月 2 日—2015 年 11 月 8 日	0. 008227273	2016 年 2 月 15 日—2016 年 2 月 21 日	0. 001548387
2015 年 11 月 9 日—2015 年 11 月 15 日	0. 008227273	2016 年 2 月 22 日—2016 年 2 月 28 日	0. 001548387
2015 年 11 月 16 日—2015 年 11 月 22 日	0. 008227273	2016 年 2 月 29 日—2016 年 3 月 6 日	0. 001548387
2015 年 11 月 23 日—2015 年 11 月 29 日	0. 008227273	2016 年 3 月 7 日—2016 年 3 月 13 日	0. 001548387
2015 年 11 月 30 日—2015 年 12 月 6 日	0. 008227273	2016 年 3 月 14 日—2016 年 3 月 20 日	0. 001548387
2015 年 12 月 7 日—2015 年 12 月 13 日	0. 008227273	2016 年 3 月 21 日—2016 年 3 月 27 日	0. 001548387
2015 年 12 月 14 日—2015 年 12 月 20 日	0. 008227273	2016 年 3 月 28 日—2016 年 4 月 3 日	0. 001548387
2015 年 12 月 21 日—2015 年 12 月 27 日	0. 030266667	2016 年 4 月 4 日—2016 年 4 月 10 日	0. 001548387
2015 年 12 月 28 日—2016 年 1 月 3 日	0. 001548387	2016 年 4 月 11 日—2016 年 4 月 17 日	0. 001548387
2016 年 1 月 4 日—2016 年 1 月 10 日	0. 001548387	2016 年 4 月 18 日—2016 年 4 月 24 日	0. 001548387
2016 年 1 月 11 日—2016 年 1 月 17 日	0. 001548387	2016 年 4 月 25 日—2016 年 5 月 1 日	0. 001548387
2016 年 1 月 18 日—2016 年 1 月 24 日	0. 001548387	2016 年 5 月 2 日—2016 年 5 月 8 日	0. 001548387
2016 年 1 月 25 日—2016 年 1 月 31 日	0. 001548387	2016 年 5 月 9 日—2016 年 5 月 15 日	0. 001548387
2016 年 2 月 1 日—2016 年 2 月 7 日	0. 001548387	2016 年 5 月 16 日—2016 年 5 月 22 日	0. 001548387

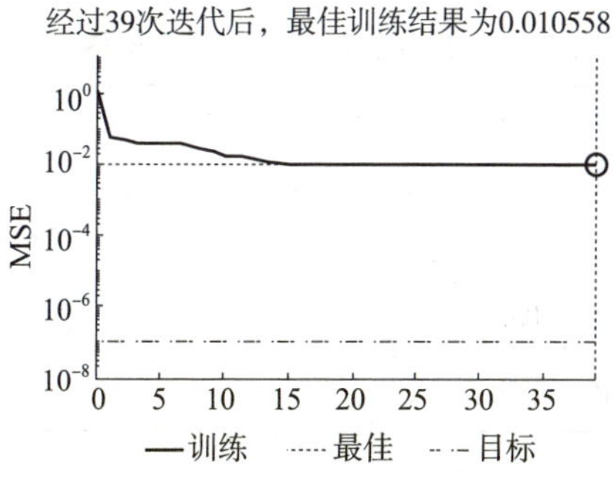

图 6. 20　产品四无泡沫期间数据训练误差曲线

产品一、产品二、产品四 GSADF－TOPSIS－BP 模型的预测精度见6.21。

表 6.21 GSADF-TOPSIS-BP 模型的预测精度

类别	MSE	MAE	MRE
产品一	0.005797006	0.050234332	0.009767869
产品二	0.003886143	0.052238631	0.011362015
产品四	0.000051366	0.004312197	0.000959020

（三）结果分析

从表6.18至表6.20中可以看出三款产品价格预测的相对误差。产品一在输入层为6时、产品二在输入层为13时、产品四在输入层为3时预测精度最高，说明价格影响因素对这三种产品的影响不同，具体见表6.22。产品一价格除受供需因素中的 YSF_3、CSD_3 及 PSD_2 的影响，还受到技术因素中的 YIL_2 及经济发展因素中的 ECO_3、ECO_4 的影响，并且 YIL_2 及 ECO_3 是影响程度排名最前的两个因素。究其原因，主要是产品一在剔除价格泡沫期间的数据后，价格仍然偏高且受部分供需因素、经济发展因素及技术因素的共同影响。产品二既具有基本特征也具有其他特征，既具有使用价值也具有投资价值，在剔除价格泡沫期间的数据后，其价格受多种因素影响，投资价值不及产品一。产品四主要具有基本特征及使用价值，消费者的争相购买加大了需求量，导致价格泡沫的出现，但在剔除价格泡沫期间的数据后，影响价格的因素较少。

表 6.22 三款产品最高预测精度的价格影响因素

类别	价格影响因素
产品一	YIL_2、ECO_3、YSF_3、CSD_3、ECO_4、PSD_2
产品二	YIL_2、ECO_3、YSF_3、CSD_3、ECO_4、PSD_2、PSD_1、YSF_2、YIL_1、PSD_3、YSF_1、CSD_4、ECO_2
产品四	YIL_2、ECO_3、YSF_3

从表6.21中可以看出，三款产品中产品四的误差最小，产品二的预测精度优于产品一，这和剔除价格泡沫期间数据后的价格走势密切相关，即

价格波动越小，预测效果越好。可见，剔除价格泡沫期间的数据后，该模型的预测精度较 TOPSIS-BP 模型有大幅提升，这在一定程度上体现了该模型的优越性。虽然 GSADF-TOPSIS-BP 模型的预测精度仍低于 ARIMA 模型，但这是由于加入了影响价格的因素，该误差仍在可接受范围，具有一定的实践意义，并且更符合市场及企业的实际情况，体现了该模型的科学性与合理性。

第四节　多特征的企业产品智能定价方法实证研究

本章旨在确定智能定价方法并对企业产品进行最终定价。ARIMA 模型、TOPSIS-BP 模型及 GSADF-TOPSIS-BP 模型的训练，验证了智能定价方法模型相较于传统定价方法模型的智能性与优越性，从而为多特征的企业产品定价提供了思路及方法。在对多特征的企业产品进行定价时，企业应首先根据产品特点将其分为仅具有基本特征及兼具基本特征和其他特征两类。通常情况下，仅具有基本特征的产品由于其主要价值为使用价值，可与细分市场中的消费市场需求相匹配；而兼具基本特征和其他特征的产品由于具有投资价值，与细分市场中的投资市场需求相匹配。在消费市场中，企业产品价格主要受供求关系影响；在投资市场中，企业产品价格主要受投资行为影响。近年来，越来越多的产品呈现出金融化的特征，价格泡沫成为产品价格的重要组成部分且对价格有重要影响。价格泡沫常出现在具有投资价值的企业产品上。本书的实证分析表明，仅具有使用价值的产品由于供求失衡，有可能出现价格泡沫，应对这些产品是否存在价格泡沫进行检测。如存在价格泡沫，应结合实证结果分析出现价格泡沫的原因，从而初步分析影响价格的因素。进一步地，基于市场角度分析多特征的企业产品价格并建立价格影响因素指标体系，继而确定价格影响因素权重及影响程度变化等。但确定价格影响因素权重及影响程度变化需要进行全局性的分析，而不能只针对某一种产品。不同的产品，其价格影响因素不同，尤其是具备不同特征及价值的产品，其价格影响因素差异较大。因此，在价格影响因素指标体系建立及分析的基础上，找到预测精度较高的方法势在必行，但由于价格泡沫的存在，智能定价方法的预测精度低于传统定价方法。企业需在考虑价格泡沫的情况下确定产品的最终定价。关于多特征的企业产品的最终定价，后文将通过实证研究进一步阐释。

一、样本选取

本节样本仍为体现企业产品多特征特点的前述四款产品，以 2012—2020 年四款产品的周度价格数据及价格影响因素的周度数据为样本数据。根据 TOPSIS-BP 模型的实证结果设置四款产品的输入层。定价时间过短会导致价格变动频繁，不利于产品销售；而定价时间过长，则会导致企业无法及时调整价格，不符合市场的实际情况。另外，根据模型特点，随着时间的推移，预测的精度会有所下降，因此本节仅对未来 12 周的企业产品进行定价分析。

二、多特征的企业产品定价

（一）产品一定价

产品一全样本数据为 2012 年 6 月 12 日—2021 年 3 月 21 日的周度价格数据，共计 458 条，将其中 446 条作为训练集，对其余 12 条数据进行预测。根据之前的实证结果，设置输入层为 6，当隐含层神经元个数为 10 时，得到的价格较为合理，结果见表 6.23。产品一的预测价格较低，和之前的价格相差较大，主要原因是未考虑价格泡沫因素，而根据该产品的特点，它是存在价格泡沫的。将产品一的价格泡沫区间加入后，可得到其最终定价。

表 6.23　产品一定价

单位：元

日期	预测价格	价格泡沫	最终定价
2020 年 12 月 28 日—2021 年 1 月 3 日	301.539	(320，1770)	(621.539，2071.539)
2021 年 1 月 4 日—2021 年 1 月 10 日	301.539	(320，1770)	(621.539，2071.539)
2021 年 1 月 11 日—2021 年 1 月 17 日	301.539	(320，1770)	(621.539，2071.539)

续表

日期	预测价格	价格泡沫	最终定价
2021年1月18日—2021年1月24日	301.539	(320，1770)	(621.539，2071.539)
2021年1月25日—2021年1月31日	301.539	(320，1770)	(621.539，2071.539)
2021年2月1日—2021年2月7日	301.539	(320，1770)	(621.539，2071.539)
2021年2月8日—2021年2月14日	301.539	(320，1770)	(621.539，2071.539)
2021年2月15日—2021年2月21日	301.539	(320，1770)	(621.539，2071.539)
2021年2月22日—2021年2月28日	301.539	(320，1770)	(621.539，2071.539)
2021年3月1日—2021年3月7日	301.539	(320，1770)	(621.539，2071.539)
2021年3月8日—2021年3月14日	301.539	(320，1770)	(621.539，2071.539)
2021年3月15日—2021年3月21日	301.539	(320，1770)	(621.539，2071.539)

（二）产品二定价

产品二全样本数据为2012年6月12日—2021年3月21日的周度价格数据，共计458条，将其中的446条作为训练集，对其余12条数据进行预测。根据之前的实证结果，设置输入层为5，当隐含层神经元个数为5时，得到的价格较为合理，结果见表6.24。产品二的预测价格较低，和之前的价格相差较大，主要原因是未考虑价格泡沫因素，而根据该产品的特点，它是存在价格泡沫的。将产品二的价格泡沫区间加入后，可得到其最终定价。

表6.24　产品二定价　　单位：元

日期	预测价格	价格泡沫	最终定价
2020年12月28日—2021年1月3日	82.087	(40，250)	(122.087，332.087)
2021年1月4日—2021年1月10日	82.087	(40，250)	(122.087，332.087)
2021年1月11日—2021年1月17日	82.087	(40，250)	(122.087，332.087)
2021年1月18日—2021年1月24日	82.087	(40，250)	(122.087，332.087)
2021年1月25日—2021年1月31日	82.087	(40，250)	(122.087，332.087)
2021年2月1日—2021年2月7日	82.087	(40，250)	(122.087，332.087)
2021年2月8日—2021年2月14日	82.087	(40，250)	(122.087，332.087)
2021年2月15日—2021年2月21日	82.087	(40，250)	(122.087，332.087)

续表

日期	预测价格	价格泡沫	最终定价
2021 年 2 月 22 日—2021 年 2 月 28 日	82.087	(40，250)	(122.087，332.087)
2021 年 3 月 1 日—2021 年 3 月 7 日	82.087	(40，250)	(122.087，332.087)
2021 年 3 月 8 日—2021 年 3 月 14 日	82.087	(40，250)	(122.087，332.087)
2021 年 3 月 15 日—2021 年 3 月 21 日	82.087	(40，250)	(122.087，332.087)

（三）产品三定价

产品三全样本数据为 2012 年 6 月 12 日—2021 年 3 月 21 日的周度价格数据，共计 458 条，将其中的 446 条作为训练集，对其余 12 条进行预测。根据之前的实证结果，设置输入层为 11，当隐含层神经元个数为 11 时，得到的价格较为合理，结果见表 6.25。产品三的最终定价较之前价格有一定增长，但由于该产品并不存在价格泡沫，无须考虑价格泡沫因素。

表 6.25 产品三定价

单位：元

日期	最终定价	日期	最终定价
2020 年 12 月 28 日—2021 年 1 月 3 日	167.052	2021 年 2 月 8 日—2021 年 2 月 14 日	167.052
2021 年 1 月 4 日—2021 年 1 月 10 日	167.052	2021 年 2 月 15 日—2021 年 2 月 21 日	167.052
2021 年 1 月 11 日—2021 年 1 月 17 日	167.052	2021 年 2 月 22 日—2021 年 2 月 28 日	167.052
2021 年 1 月 18 日—2021 年 1 月 24 日	167.052	2021 年 3 月 1 日—2021 年 3 月 7 日	167.052
2021 年 1 月 25 日—2021 年 1 月 31 日	167.052	2021 年 3 月 8 日—2021 年 3 月 14 日	167.052
2021 年 2 月 1 日—2021 年 2 月 7 日	167.052	2021 年 3 月 15 日—2021 年 3 月 21 日	167.052

（四）产品四定价

产品四全样本数据为 2012 年 6 月 12 日—2021 年 3 月 21 日的周度价格数据，共计 458 条，将其中的 446 条数据作为训练集，对其余 12 条进行预测。根据之前的实证结果，设置输入层为 5，当隐含层神经元个数为 11 时，得到的价格较为合理，结果见表 6.26。产品四的预测价格较低，和之前的价格相差不大，而根据该产品的特点，它是存在价格泡沫的。将产品四的价格泡沫区间加入后，可得到其最终定价。

表 6.26　产品四定价

单位：元

日期	预测价格	价格泡沫	最终定价
2020 年 12 月 28 日—2021 年 1 月 3 日	119.423	(57，69)	(176.423，188.423)
2021 年 1 月 4 日—2021 年 1 月 10 日	119.423	(57，69)	(176.423，188.423)
2021 年 1 月 11 日—2021 年 1 月 17 日	119.423	(57，69)	(176.423，188.423)
2021 年 1 月 18 日—2021 年 1 月 24 日	119.423	(57，69)	(176.423，188.423)
2021 年 1 月 25 日—2021 年 1 月 31 日	119.423	(57，69)	(176.423，188.423)
2021 年 2 月 1 日—2021 年 2 月 7 日	119.423	(57，69)	(176.423，188.423)
2021 年 2 月 8 日—2021 年 2 月 14 日	119.423	(57，69)	(176.423，188.423)
2021 年 2 月 15 日—2021 年 2 月 21 日	119.423	(57，69)	(176.423，188.423)
2021 年 2 月 22 日—2021 年 2 月 28 日	119.423	(57，69)	(176.423，188.423)
2021 年 3 月 1 日—2021 年 3 月 7 日	119.423	(57，69)	(176.423，188.423)
2021 年 3 月 8 日—2021 年 3 月 14 日	119.423	(57，69)	(176.423，188.423)
2021 年 3 月 15 日—2021 年 3 月 21 日	119.423	(57，69)	(176.423，188.423)

三、定价分析

根据表 6.23 至表 6.26 的实证结果，产品一最终定价的价格区间为（621.539，2071.539），产品二最终定价的价格区间为（122.087，332.087），两款产品最终定价的价格区间较大，这主要是由于价格泡沫区间较大。可见，以上两种产品的定价难度较大，企业难以根据该结果制定合理的价格。产品三并不存在价格泡沫，无须考虑价格泡沫因素，可以此价格作为该产品的最终定价。产品四最终定价的价格区间并不大，企业可在风险和利润之间进行平衡，从而在最终定价的价格区间内确定最终价格。

四、基于价格泡沫风险等级及风险警情的产品最终定价

由本节对多特征的企业产品智能定价方法的实证研究可知：争议较大的是产品一和产品二，因其最终定价的价格区间较大，企业无法据此进行定价；产品四虽存在一定的价格区间，但差别不大，争议较小。后文将对

存在定价争议的产品进行进一步讨论，从而确定产品最终定价。价格泡沫导致产品的价格区间较大，但价格泡沫的存在对市场有双向作用。适度的价格泡沫可以繁荣市场经济，但价格泡沫过大则会导致市场崩溃。价格泡沫破裂会引起一系列反应，甚至引发金融危机，对经济产生负面影响（石广平，2018）。因此，综合考虑价格泡沫存在的必要性及风险控制原则，对存在争议的产品，基于风险等级及风险警情进行定价——通过风险等级确定需要重点关注的产品，通过风险警情分级确定产品价格，即以风险可控的价格为产品最终定价。

（一）风险等级及特征

对于价格泡沫风险等级，李剑、李崇光（2017）根据泡沫长度、泡沫频度及泡沫强度 3 个风险指标，将农产品期货品种分为高风险商品、中风险商品和低风险商品 3 个等级。根据本书研究对象的特点，加入产品价格作为第四个风险指标，从而对多特征的企业产品的风险等级进行划分并评价各风险特征，见表 6.27。根据风险等级分类，产品一和产品二为高风险产品，产品三为低风险产品，产品四为中风险产品。

表 6.27　多特征的企业产品风险等级及特征

产品	风险等级	风险特征
产品一	高风险	1. 泡沫总天数占样本总天数的 33.63%； 2. 样本期内，发生 10 次泡沫事件； 3. 最大泡沫存续时间为 616 天； 4. 价格整体较高
产品二	高风险	1. 泡沫总天数占样本总天数的 35.65%； 2. 样本期内，发生 9 次泡沫事件； 3. 最大泡沫存续时间为 441 天； 4. 价格整体较高
产品三	低风险	1. 不存在价格泡沫； 2. 价格较低
产品四	中风险	1. 泡沫总天数占样本总天数的 67.71%； 2. 样本期内，发生 2 次泡沫事件； 3. 最大泡沫存续时间为 1680 天； 4. 价格较低

（二）警情等级

李剑等（2019）指出，警情标准设置是指根据商品历史风险水平设定报警信号的判断和解读标准。他们构建的警情标准参考值为

$$standard_i = \text{int}\left(\frac{\text{sum}_{i,T} - \text{max}_{i,T} - \text{min}_{i,T}}{n-2}\right) \tag{6.8}$$

其中，i 代表第 i 种商品，T 代表历史样本长度，n 代表样本期 T 内发生价格泡沫的次数。$standard_i$ 表示第 i 种商品的警情标准，其计算如下：先用样本期 T 内发生泡沫事件的总数（$\text{sum}_{i,T}$）减去最大泡沫天数（$\text{max}_{i,T}$）和最小泡沫天数（$\text{min}_{i,T}$），再用得到的数值除以（$n-2$）并进行取整运算。

产品一共发生价格泡沫事件 10 次，泡沫总天数为 1050 天，最大泡沫存续时间为 616 天，最小泡沫存续时间为 7 天。通过式（6.8）可计算出产品一的警情标准为 53 天，即产品一一级警情 1~53 天，二级警情 54~106 天，依此类推。在样本期内，泡沫事件一发生四级警情，事件二到事件八发生一级警情，事件九发生三级警情，事件十发生十二级警情，如图 6.21 所示。一级到三级警情为初级警情，属于合理的价格泡沫；四级到六级警情为中级警情，在可控范围；六级以上为高级警情，需要高度重视。事件十已达到高级警情且价格泡沫持续时间过长，风险系数较大。价格泡沫一旦破裂，就会导致产品价格急剧下降。根据前文的分析，产品一的最终定价区间为（621.539，2071.539）。企业若选择把价格定在最高点，则存在较大风险；若把价格定在最低点，则会导致企业利润受损。由于泡沫事件十的警情等级处于高级且价格泡沫破裂的风险较大，不能以近期的价格作为定价标准。另外，事件十刚发生价格泡沫时，价格泡沫程度较低，在可控范围，若以此作为产品定价标准，会导致企业利润受损。综合考虑以上因素，产品一的定价应在合理及可控的范围，结合该期间的价格情况，将产品一价格定为 1400 元较为合适。

图 6.21　产品一泡沫事件警情等级

产品二共发生价格泡沫事件 9 次，泡沫总天数为 1113 天，最大泡沫存续时间为 441 天，最小泡沫存续时间为 14 天。通过式（6.8）可计算出产品二的警情标准为 94 天，即产品二一级警情 1~94 天，二级警情 95~188 天，依此类推。在样本期内，泡沫事件一到事件三发生二级警情，事件四和事件五发生一级警情，事件六发生五级警情，事件七和事件八发生一级警情，事件九发生三级警情，如图 6.22 所示。根据警情评级标准，产品二泡沫事件预警等级属于初级和中级警情，在可控范围。根据前文的分析，产品二的最终定价区间为（122.087，332.087），企业可出于产品利润的考虑，将价格定在最高位，即 332.087 元。

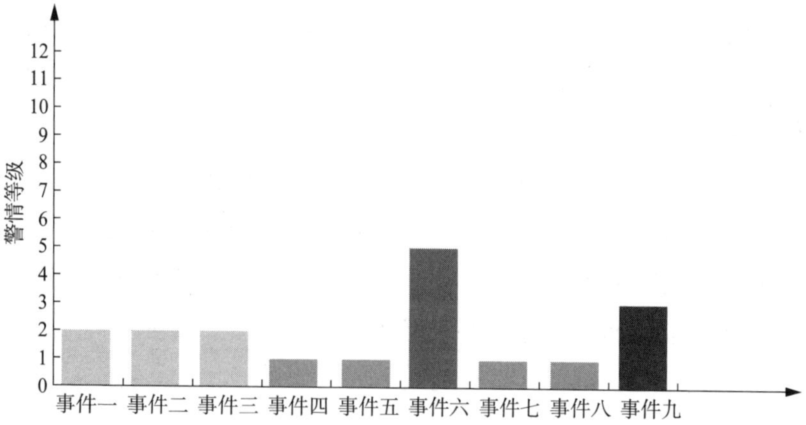

图 6.22　产品二泡沫事件警情等级

五、基于价格影响因素的影响程度变化的产品定价调整

前文基于产品角度的多特征的企业产品价格分析，初步分析了多特征的企业产品价格影响因素，基于市场角度的多特征的企业产品价格分析，构建了多特征的企业产品价格影响因素指标体系，价格影响因素的权重为后续智能定价方法的实证研究基础，价格影响因素的程度变化则为企业后期调整定价的依据。本章采用智能定价方法，基于价格泡沫风险等级和风险警情确定产品最终定价。本书研究结合了定性及定量方法，以定量方法为主，定性方法虽存在一定的主观性，但也有其作用及价值，是企业产品定价中必不可少的方法。

由于价格影响因素的复杂性不断提升，企业产品定价并不是一成不变的，需根据相关影响因素的影响程度变化进行动态调整。通过 TOPSIS-BP 模型的实证研究，可知产品一主要受 YIL_2、ECO_3、YSF_3、CSD_3、ECO_4、PSD_2 的影响，产品二主要受 YIL_2、ECO_3、YSF_3、CSD_3、ECO_4 的影响，产品三主要受 YIL_2、ECO_3、YSF_3、CSD_3、ECO_4、PSD_2、PSD_1、YSF_2、YIL_1、PSD_3、YSF_1 的影响，产品四主要受 YIL_2、ECO_3、YSF_3、CSD_3、ECO_4 的影响。CSD、PSD 和 YIL 对价格的影响程度逐年增强，而 ECO 和 YSF 对价格的影响程度则呈现不同特点。对于价格影响因素的影响程度变化，已在第五章进行分析。在影响产品一价格的 6 个因素中，有 3 个对价格的影响逐年增大，另外 3 个对价格的影响呈现不同特点；在影响产品二价格的 5 个因素中，有 2 个对价格的影响逐年增大，另外 3 个对价格的影响呈现不同特点；在影响产品三价格的 11 个因素中，有 6 个对价格的影响逐年增大，另外 5 个对价格的影响呈现不同特点；在影响产品四价格的 5 个因素中，有 2 个对价格的影响逐年增大，另外 3 个对价格的影响呈现不同特点。由于部分价格影响因素对价格的影响程度逐年增大，企业在制定产品价格时，需根据该类因素的影响程度变化进行相应调整。部分价格影响因素对价格的影响程度呈现不同特点，企业应结合各因素的实际情况对定价进行适当的调整。若某因素对该年份的产品价格影响程度较大，则企业定价时需慎重考虑该因素；若某因素对该年份的产品价格影响程度不

大，则企业定价时无须过多考虑该因素。

第五节　本章小结

本章在第四章基于产品角度的多特征的企业产品价格分析及第五章基于市场角度的多特征的企业产品价格分析及价格影响因素指标体系建立的基础上，对多特征的企业产品定价模型进行训练，从而确定产品智能定价方法并确定产品的最终定价。首先，选择价格预测模型及智能定价方法；其次，分别构建 ARIMA 模型、TOPSIS-BP 模型及 GSADF-TOPSIS-BP 模型进行定价训练；最后，根据实证结果确定多特征的企业产品智能定价方法并对产品进行最终定价。

由实证结果可知：①ARIMA 模型作为传统的时间序列模型，对价格起伏不大的企业产品预测效果较好，而对价格波动较大的企业产品预测精度不理想。此外，市场形势变幻莫测且价格影响因素纷繁复杂，该模型仅考虑时间因素，未对影响价格的因素进行多重考量，与企业产品定价的实际情况不符。②由于 ARIMA 模型的局限性，加入多特征的企业产品价格影响因素，构建 TOPSIS-BP 模型进行定价训练，通过实证分析可知：产品一、产品二和产品四除受到供需因素中的 YSF_3、CSD_3 及 PSD_2 的影响，还受到技术因素中的 YIL_2 和经济发展因素中的 ECO_3、ECO_4 的影响；产品三不存在价格泡沫，受供需因素、经济发展因素和技术因素的共同影响，其中，受供需因素的影响最大。③TOPSIS-BP 模型的整体预测效果并不理想，和传统 ARIMA 模型相比，尚未充分体现出智能性和优越性。究其原因，主要是价格泡沫的影响，因此加入价格泡沫因素进行全面分析，构建 GSADF-TOPSIS-BP 模型进行训练后，预测精度大幅提升，在一定程度上验证了三款产品确实存在价格泡沫，并得出结论：产品一价格受部分供需因素、经济发展因素和技术因素的共同影响；产品二价格受众多因素影响，主要原因是投资价值不及产品一；产品四价格影响因素较少。④根据定价模型的训练结果，最终结合 TOPSIS-BP 模型及价格泡沫区间对多特征的企业产品进行定价，根据实证结果，产品一和产品二的最终定价区间较大，主要是价格泡沫区间较大导致的。产品三由于并不存在价格泡沫，无须考虑价格泡沫因素，可以最高价格作为最终定价。产品四的最终定价区间并不大，在一定程度上缩小了定价范围，企业可在风险和利润之间进行平衡，从而在最终定价区间内确定最终价格。⑤产品一和产品二最终定价区间较大，企业需综合考虑价格泡沫存在的必要性及风险控制原则，最终确定争议产品的价格。⑥基于价格影响因素的影响程度变化，应对企业产品定价做出相应调整。

第七章

研究结论与展望

近年来，国家鼓励及支持“大众创业、万众创新”，企业数量激增且竞争日益激烈，很多企业不断推陈出新，在产品研发及设计上加大了投入力度，以期在市场上占据一席之地。定价，是决定企业成败的重要因素，直接影响产品的销量及利润，甚至关系到企业的长远发展。宜家就曾提出，“在产品之前，先设计价格”。此外，突发事件的发生，如新冠疫情的暴发导致经济一度低迷，消费者必须保持理性且采取一定的消费策略，才有可能使自身利益最大化。

市场竞争的激烈、企业产品特征的多样化及消费者越来越理性、策略消费理念等无疑增加了产品定价的难度。学术界对产品定价问题进行了大量的理论与实证研究，企业也根据现实情况不断调整定价，这些为本书的研究奠定了坚实的基础。本书以“多特征的企业产品智能定价方法”为主题，通过多特征的企业产品定价模型建立及定价方法提出、基于产品角度的多特征的企业产品价格分析、基于市场角度的多特征的企业产品价格分析及价格影响因素指标体系的建立、多特征的企业产品智能定价方法及实证研究等，建立了多特征的企业产品智能定价方法分析系统。本书研究得出了一些结论，也发现了已有研究中存在的不足，希望日后能够进行完善。

第一节 研究结论

本书研究得出以下四个结论。

第一，基于产品角度和市场角度确定多特征的企业产品定价模型，并在此基础上提出的定价方法是切实可行的。

本书分别基于产品角度和市场角度确定多特征的企业产品定价模型，但两个模型之间存在一定的割裂，未形成一个整体。而在实际中，产品特征和市场是密不可分的，产品的不同特征可以满足细分市场的不同需求。本书对模型的分析表明，以供求关系等为基础的定价方法在适用性上存在一定问题，需要根据实际情况的变化调整定价方法。产品的投资价值使其呈现金融化特点，价格泡沫成为产品价格的重要组成部分且对产品价格具有重要影响。本书基于对价格泡沫的测度，初步分析了多特征的企业产品价格影响因素，进一步基于市场角度分析价格并建立价格影响因素指标体系。不同的企业产品价格泡沫测度结果不同及价格影响因素复杂性的提升，给企业产品定价带来一定的难度——传统的定价方法无法解决这一问题，因而采用智能定价方法进行定价。智能定价方法需要同传统定价方法的定价结果进行对比，才能充分体现出智能性及优越性。本书的实证结果体现了智能定价模型及方法的可行性。

第二，基于产品角度的多特征的企业产品价格分析表明，价格泡沫是产品价格的重要组成部分，并初步分析了产品价格影响因素。

从产品角度和市场角度，可以将多特征的企业产品分为两类：一类产品仅具有基本特征并且消费者基于其使用价值做出购买决定；另一类产品具有基本特征及其他特征，消费者及投资者基于其投资价值做出购买及投资决定。企业产品的多特征特点决定了产品的价值及价格，产品的投资价值使其呈现金融化特点，并且大多数企业产品特征同金融化第一阶段中高级阶段的特征相吻合，即价格既受供求关系的影响，又受投资行为的影响。本书采用GSADF方法对多特征的企业产品价格泡沫进行测度，由实证研究结果可知：①具有投资价值的企业产品均存在价格泡沫，而仅具有使用价值的企业产品呈现出不同特点。②在泡沫长度及强度指标中，仅具有使用价值的企业产品多于具有投资价值的企业产品；在泡沫频度指标中，具有投资价值的企业产品多于仅具有使用价值的企业产品。③多特征的企业产品价格主要受供需因素、经济发展因素和技术因素等的影响。在价格泡沫实证研究中，根据不同特征产品呈现出的不同表现形式，对价格泡沫期间及无价格泡沫期间的价格区间进行提取。

第三，基于市场角度分析多特征的企业产品价格并建立价格影响因素指标体系，有助于分析各影响因素的权重及影响程度变化。

基于产品角度分析多特征的企业产品价格，初步分析了价格影响因素，但只是单一角度的初步分析，并未形成系统的观点。本书进一步基于市场角度分析多特征的企业产品价格并建立价格影响因素指标体系：一方面，对价格影响因素权重进行排序，明确企业产品价格影响因素权重；另一方面，分析各因素对企业产品价格的影响程度变化。由实证结果可知：① 5 个一级指标中的 CSD 和 ECO 对研究样本价格影响较大，这进一步印证了无论是基于企业产品的使用价值还是投资价值，以上因素都是影响价格的主要因素。②在 16 个二级指标中，YIL_2 对价格影响最大。③在各因素对价格影响程度的实证分析中，CSD、PSD 及 YIL 对研究样本的影响程度逐年增大，ECO 和 YSF 对价格的影响则呈现出不同特点。

第四，智能定价方法同传统定价方法相比，体现出一定的智能性和优越性，但对于存在定价争议的产品，需结合价格泡沫因素进行最终定价。

基于产品角度和市场角度的多特征的企业产品价格研究，本书构建了 ARIMA 模型、TOPSIS-BP 模型及 GSADF-TOPSIS-BP 模型并分别进行定价训练，根据模型实证结果确定多特征的企业产品智能定价方法并对产品进行最终定价。ARIMA 模型作为传统的时间序列模型，对价格起伏不大的企业产品预测效果较好，而对价格波动较大的企业产品预测精度不理想。进一步加入多特征的企业产品价格影响因素构建 TOPSIS-BP 模型进行定价训练。由于 TOPSIS-BP 模型的整体预测效果并不理想，加入价格泡沫因素构建 GSADF-TOPSIS-BP 模型进行训练后，预测精度大幅提升。根据定价模型的训练结果，最终结合 TOPSIS-BP 模型及价格泡沫区间对多特征的企业产品进行定价。根据实证结果，产品一和产品二的最终定价区间较大，主要由价格泡沫区间较大导致；产品三由于并不存在价格泡沫，无须考虑价格泡沫因素，可以预测价格作为最终定价；产品四的最终定价区间并不大，在一定程度上缩小了定价范围，企业可在风险和利润之间进行平衡，从而在最终定价区间内确定其最终价格。综合考虑价格泡沫存在的必要性及风险控制原则，对存在争议的产品，基于价格泡沫风险等级和风险警情进行分析，最终确定价格。另外，需结合产品价格影响因素的影响程度变化对价格进行必要的调整。

第二节　理论贡献与实践启示

一、理论贡献

第一，奠定了多特征的企业产品定价理论基础并完善和发展了相关理论。

由于定价理论不适应当前多特征的企业产品定价需求，本书以特征价格理论及市场细分理论作为理论基础。特征价格理论主要从产品角度出发，在研究视角、研究领域及研究方法等方面存在弊端和局限性。因此，本书将企业产品特征分为基本特征和其他特征，基本特征为产品的基本功能及属性且使产品具有使用价值，其他特征使产品具有投资价值。本书扩大了该理论的适用领域，并采用不同的实证方法，以避免多重共线性问题。本书进一步基于市场细分理论，将消费者可得利益作为市场细分的分类标准。将特征价格理论和市场细分理论相结合，并在此基础上建立多特征的企业产品定价模型，有助于完善和发展多特征的企业产品定价理论。

第二，建立了多特征的企业产品价格影响因素指标体系并通过智能定价方法进一步筛选与分析。

由于多特征的企业产品定价影响因素复杂性提升，本书基于产品角度初步分析价格影响因素，并基于市场角度建立系统的价格影响因素指标体系——5 个一级指标及 16 个二级指标，实证分析价格影响因素权重及影响程度变化。虽然有关产品价格影响因素的研究较多，但本书进一步通过智能定价方法，对价格影响因素的不同组合方式进行训练，从而得到了价格预测精度最优的组合并确定了不同产品的价格影响因素，具有一定的创新性。

第三，为多特征的企业产品定价方法的确定提供了研究思路与方法。

本书根据研究背景及实际需求，提出“多特征的企业产品智能定价方法”这一研究主题，通过多特征的企业产品定价模型建立与定价方法提出、基于产品角度的多特征的企业产品价格分析、基于市场角度的多特征的企业产品价格分析及价格影响因素指标体系建立、智能定价方法确定及产品最终定价四部分建立多特征的企业产品智能定价方法研究体系。前文建立的定价模型及价格影响因素指标体系，为后文的智能定价方法研究奠定了基础。本书分别对传统定价方法模型及智能定价方法模型进行定价训练，从而体现了智能定价方法模型的智能性和优越性，有助于确定智能定价方法并从价格泡沫风险等级及风险警情两个方面对产品进行最终定价。企业应根据产品价格影响因素的影响程度变化调整定价。本书研究可为多特征的企业产品定价方法的确定提供思路。

二、实践启示

第一，企业应建立价格影响因素指标体系，根据价格影响因素的影响程度变化调整价格。

仅具有使用价值的产品，其价格主要受供需因素的影响，而具有投资价值的产品，其价格受供需因素和投资行为的共同影响。产品不同，价格影响因素差异较大。价格受供需因素、经济发展因素及技术因素等影响，由于市场环境的变化及产品特征的多样化，价格影响因素日益复杂，给企业产品定价带来极大的不确定性。企业对不同产品价格影响因素的研究是产品定价的基础，也是调整定价的依据。因此，企业应结合不同产品的特点，基于产品角度和市场角度进行具体分析并建立价格影响因素指标体系，为产品定价奠定基础。此外，企业应结合定价模型训练结果，确定影响产品价格的因素，再结合这些因素的影响程度变化对定价进行调整。

第二，企业应关注多特征的企业产品价格泡沫现象，建立价格泡沫预警体系。

国家高度重视资产泡沫问题。2016 年 7 月 26 日，中共中央政治局会议首次明确提出“抑制资产泡沫”，10 月 28 日召开的中共中央政治局会议再次明确“注重抑制资产泡沫和防范经济金融风险”。国家采取一系列举措进行风险识别、预警与防范，取得了一定的成果。但企业由于风险识别经验较少，风险预警及防范能力较弱，往往在价格泡沫破裂后才采取行动，存在一定的盲目性与滞后性，从而导致利益受损。本书的价格泡沫检测、风险等级确定及警情评定方法为企业产品价格泡沫风险的识别、预警与防范提供了科学易行的方法。企业应建立价格泡沫预警体系：其一，检测多特征的企业产品是否存在价格泡沫；其二，计算价格泡沫存续时间；其三，计算警情标准；其四，确定警情等级；其五，根据警情等级采取相关措施，容忍该价格泡沫存在或调整价格策略。通过价格泡沫预警体系，企业可以识别产品价格泡沫风险并进行一定的防范，即采取相关措施规避风险及减少损失。多特征的企业产品价格泡沫预警体系与实施步骤如图 7.1 所示。

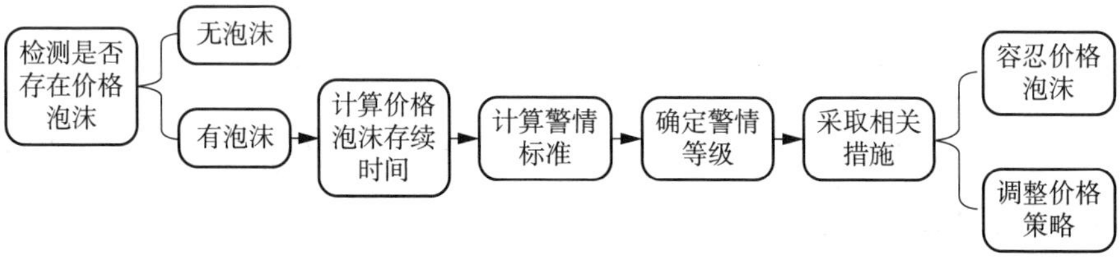

图 7.1　多特征的企业产品价格泡沫预警体系与实施步骤

第三，企业应建立定价分析系统，运用智能定价方法确定产品定价。

产品定价是企业的重要战略，直接影响产品的销量及利润，甚至关系到企业未来发展。但是，企业大多根据以往经验及对市场的预判进行产品定价，以经验为定价依据存在一定的盲目性与主观性，而对市场的预判也会出现不准等问题。因此，企业产品定价应该是科学的、合理的及系统的。企业以营利为目的并追求合理利润最大化，但价格一味走高并不是理想状态。企业要平衡利润与风险，需建立完善、科学、智能的定价系统，降低定价的主观性与不确定性，并建立价格影响因素指标体系，明确价格的影响因素权重及影响程度变化，最终采用智能定价方法，并结合价格泡沫风险等级和风险警情确定产品价格。

第三节　存在的不足与研究展望

本书研究仍存在不足，基于这些不足，对后续研究进行了展望。

第一，研究样本及数据资料有限，制约了研究的深度和广度，后续研究应扩充样本及数据。

本书建立了多特征的企业产品智能定价方法研究体系，采用大量样本及数据进行实证研究，主要选择的是处于产品金融化第一阶段中高级阶段的产品，即基于体现多特征的企业产品特点的四款产品在 2012 年 6 月 12 日—2020 年 12 月 27 日的周度价格数据以及价格影响因素数据进行分析。但是，该类产品市场数据相对较少，获取难度较大，研究样本及数据资料的局限性在一定程度上制约了本书研究的深度和广度。在后续的研究中，将进一步收集、整理相关数据，以使研究更加深入。

第二，价格影响因素指标的选取有待进一步完善与丰富。

本书从供需因素、经济发展因素和技术因素三个方面构建了多特征的企业产品价格影响因素指标体系，指标的选取有一定的科学性与合理性。随着市场环境的变化、产品的改进、消费者消费观念及习惯的改变，相关价格影响因素也会发生变化，日后将继续研究国内外相关文献，并根据多特征的企业产品所处的市场环境、消费方式等完善价格影响因素指标体系，以使价格影响因素的选择与多特征的企业产品相契合。

第三，实证研究方法体现出智能性和优越性，但存在一定的改进空间。

本书采用 GSADF 方法研究多特征的企业产品价格泡沫，检测产品是否存在价格泡沫及其特点；采用 TOPSIS 方法对多特征的企业产品价格影响因素进行研究，分析价格影响因素权重及影响程度变化；ARIMA 模型作为传统时间序列预测方法模型，体现了短期预测的优势；将 TOPSIS-BP 模型和 GSADF-TOPSIS-BP 模型作为智能定价方法模型进行训练，考虑产品价格泡沫因素的 GSADF-TOPSIS-BP 模型取得了较好的实证效果，体现出了智能性和优越性，为多特征的企业产品定价提供了新的思路。本书选择的实证方法较为科学、合理，并较好地完成了研究任务。但是，目前采用的实证研究方法仍然存在一定的弊端及局限性，在模型分析中已详尽阐述。随着实证研究方法的不断更新与完善，后续将进行更深入的研究。

参考文献

[1]曹霜，何玉成．基于小波分解的 SVM-ARIMA 农产品价格预测模型[J]．统计与决策，2015(13)：92-95.

[2]陈长石，刘晨晖．利率调控、货币供应与房地产泡沫：基于泡沫测算与 MS-VAR 模型的实证分析[J]．国际金融研究，2015，399(10)：21-31.

[3]陈健平，陈瑾，何永达．基于特征价格模型的民宿价格影响因素研究：以浙江省为例[J]．价格月刊，2021(6)：20-26.

[4]陈梦梦．基于神经网络的随机多因子天气模型及衍生品定价[D]．郑州：华北水利水电大学，2021.

[5]陈小玲．基于 ARIMA 模型与神经网络模型的股价预测[J]．经济数学，2017，4(34)：30-34.

[6]程睿．Hedonic 模型的发展和应用综述[J]．特区经济，2013(11)：233-234.

[7]丛野．与电力现货市场协同的输电定价理论与方法研究[D]．北京：华北电力大学，2021.

[8]崔焕影，窦祥胜．基于 EMD-GA-BP 与 EMD-PSO-LSSVM 的中国碳市场价格预测[J]．运筹与管理，2018，27(7)：133-143.

[9]崔文喆，李宝毅，于德胜．基于 GARCH 模型和 BP 神经网络模型的股票价格预测实证分析[J]．天津师范大学学报(自然科学版)，2019，39(5)：30-34.

[10]丁峰．基于特征价格模型的集中式长租公寓租金影响因素分析：以南京市为例[D]．上海：上海财经大学，2020.

[11]杜鹏．面向策略式消费者的创新产品定价问题研究[D]．天津：

南开大学，2014.

［12］段金利．公立医院单病种定价方法及政府补偿研究［D］．福州：福州大学，2018.

［13］范剑青，姚琦伟．非线性时间序列：建模、预报及应用［M］．北京：高等教育出版社，2005.

［14］付雪．基于特征价格模型的公共租赁房租金定价的改进研究［D］．重庆：重庆理工大学，2021.

［15］付钰，吴晓平，严承华．基于贝叶斯网络的信息安全风险评估方法［J］．武汉大学学报(理学版)，2006，52(5)：631-634.

［16］高雅楠．基于特征价格法的交通噪声污染损失价值评估：以太原市为例［D］．太原：山西财经大学，2021.

［17］顾诚嘉．商品金融化与资产价格波动：基于中国数据的分析［D］．南京：东南大学，2018.

［18］顾光同．基于半参数 Hedonic 模型的新楼盘房价研究［J］．统计科学与实践，2012(12)：21-23.

［19］郭娇．基于改进粒子群算法的城际公路定制客运定价方法研究［D］．石家庄：石家庄铁道大学，2021.

［20］郭朗．实现我国药品价值定价的路径与方法研究［D］．沈阳：沈阳医科大学，2012.

［21］韩君．生态环境质量约束条件下能源资源性产品定价机制研究［D］．兰州：兰州大学，2014.

［22］何波，殷旅江．互联网资源丰度的最优组合赋权 TOPSIS 评价方法［J］．统计与决策，2019(18)：36-40.

［23］何丽萍．我国 GDP 对 CPI 的影响研究：基于 SVAR 模型的实证分析［J］．中国市场，2020(1)：1-4.

［24］何夏楠．人工智能定价对消费者价格公平感知的影响［D］．大连：大连理工大学，2021.

［25］贺文慧．农产品金融化的表现、成因与政策建议［D］．南昌：江西师范大学，2016.

［26］贺毅岳，李萍，韩进博．基于 CEEMDAN-LSTM 的股票市场指数

预测建模研究[J]. 统计与信息论坛，2020，35(6)：34-45.

[27]洪世键，周玉. 基于特征价格法的学区房价格外溢效应探讨：以厦门岛为例[J]. 建筑经济，2016，37(2)：65-69.

[28]侯宁. 基于参数模型与非参数机器学习模型的期权定价研究[D]. 西安：西北大学，2021.

[29]贾生华，温海珍. 房地产特征价格模型的理论发展及其应用[J]. 外国经济与管理，2004，26(5)：42-44.

[30]蒋宁，吴春旭. 基于区间值数据动态聚类算法的客户市场细分[J]. 计算机应用与软件，2007，24(12)：116-118.

[31]瞿强. 资产价格波动与宏观经济政策困境[J]. 管理世界，2007(10)：139-149.

[32]菲利普·科特勒. 科特勒营销新论[M]. 北京：中信出版社，2003.

[33]孔德谦. 基于强化学习的需求响应定价方法研究[D]. 天津：天津大学，2019.

[34]黎中彦，马佳羽，韩兆洲. 半空间外部性 Hedonic 模型构建与实证[J]. 统计与决策，2021(10)：5-9.

[35]李凤. 红枣价格形成机制研究[D]. 乌鲁木齐：新疆农业大学，2016.

[36]李国柱. 房地产价格指数的编制方法[J]. 统计与决策，2003(11)：41-42.

[37]李剑，陈烨，李崇光. 金融化与商品价格泡沫[J]. 管理世界，2018(8)：84-98.

[38]李剑，李崇光. 农产品期货市场风险评价：一个基于价格泡沫模型的新分析框架[J]. 中国农村经济，2017(5)：73-87.

[39]李剑，吕捷，李崇光. 农产品期货市场泡沫风险实时预警研究[J]. 中国农村经济，2019(3)：53-64.

[40]李启华，蓝志青，邢雅康. 基于半参数估计的笔记本电脑特征价格指数研究[J]. 东北财经大学学报，2011(2)：83-89.

[41]李欣点，朱恩伟，刘洪玉，等. 城市同质化住房价格空间分布研

究：基于半参数特征价格模型的分析[J]. 价格理论与实践，2018(1)：61-64.

[42]李圆圆. 基于BP神经网络的北京市二手房交易价格预测研究[D]. 北京：首都经济贸易大学，2018.

[43]林杰，龚正. 基于人工神经网络的沪锌期货价格预测研究[J]. 财经理论与实践，2017，38(2)：54-57.

[44]林晓丽. 产品特征与消费者在线冲动购买的关系研究：以促销类型为调节变量[D]. 天津：天津大学，2016.

[45]刘峰，王儒敬，李传席. ARIMA模型在农产品价格预测中的应用[J]. 计算机工程与应用，2009，45(25)：238-239.

[46]刘军跃，崔骅，黄英. 市场细分的灰色系统模型[J]. 商业研究，2004(21)：107-109.

[47]刘青霞. 重庆市中心城区景观可达性对住宅价格的影响研究[D]. 重庆：西南大学，2020.

[48]刘曙光，王璐，尹鹏. 国际航运价格波动及其价格泡沫测度：基于GSADF方法的检验[J]. 价格理论与实践，2018(11)：63-66.

[49]刘通，张聪，吴鸣远. 在线评论中基于边界平均信息熵的产品特征提取算法[J]. 系统工程理论与实践，2016，36(9)：2416-2423.

[50]鹿玉欣. 基于CGMY模型和FCOS方法的期权定价研究[D]. 济南：山东大学，2021.

[51]吕炜，刘晨晖. 财政支出、土地财政与房地产投机泡沫：基于省际面板数据的测算与实证[J]. 财贸经济，2012(12)：21-30.

[52]吕炜，刘晨晖. 中国经济转轨中的游资规模变动：测度与解释[J]. 经济学动态，2012(6)：26-35.

[53]罗晓娟，孔红缨. 住宅特征价格指数编制现状的国内外比较分析[J]. 价格月刊，2012(9)：7-9.

[54]罗晓娟. 特征价格模型的发展应用研究[J]. 技术经济与管理研究，2012(6)：11-15.

[55]骆镜华. 大宗商品市场金融化研究[D]. 上海：复旦大学，2014.

[56]马法尧. 基于BP神经网络模型与ARMA模型的库存预测比较

[J]. 统计与决策，2014(19)：34-37.

[57]马海涛，李春艳，汤莲花. 基于聚类分析的高速铁路客运市场细分[J]. 吉林工程技术师范学院学报，2015，31(5)：5-8.

[58]马晓刚，李欣. 猪肉价格存在泡沫吗?：基于递归的SADF检验和GSADF检验[J]. 金融发展研究，2017(2)：21-26.

[59]潘文博. 通货膨胀对我国经济的影响及应对措施[J]. 经济研究导刊，2019(32)：3-4.

[60]彭建良，丁怡越，左晓琴. 中国公路物流运价指数预测研究：基于ARIMA-Adam-LSTM模型的分析[J]. 价格理论与实践，2019(6)：99-102.

[61]齐丽云，汪克夷，陆英贤，等. 基于消费行为的市场细分模型构建与验证：以移动通信行业为例[J]. 管理学报，2009，6(6)：805-811.

[62]祁华清，李霜，樊琦. 中国粮食金融化的测度、检验及政策启示[J]. 管理世界，2015(2)：172-173.

[63]钱丙益，帅斌，陈崇双，等. 基于混合回归模型的客运专线旅客市场细分研究[J]. 铁道运输与经济，2014，36(1)：60-65.

[64]乔为国. 我国居民低消费率的成因：以国民收入流量循环为框架的分析[J]. 学海，2007(5)：141-145.

[65]乔维德. 基于BP神经网络模型的商品房价格预测研究[J]. 石家庄学院学报，2019，21(6)：127-133.

[66]秦海鸥，陶俊才. 基于粗糙集和SOM网络的客户市场细分方法[J]. 南昌大学学报(理科版)，2009，33(4)：392-394.

[67]裘雨明. 城市房地产价格指数编制理论及方法评价[J]. 绍兴文理学院学报，2004，24(8)：86-90.

[68]冉杨帆，蒋洪迅. 基于BPNN和SVR的股票价格预测研究[J]. 山西大学学报(自然科学版)，2018，41(1)：1-14.

[69]石广平. 资产价格泡沫：形成机制及其经济效应研究[D]. 南京：东南大学，2018.

[70]宋绍峰. 易逝性高科技产品定价理论与方法研究[D]. 成都：四川大学，2006.

[71]苏焕银，陶文聪，彭舒婷，等．基于潜在类别模型的城际高速铁路客运市场细分[J]．铁道科学与工程学报，2021，18(6)：1410-1417.

[72]孙德杰．多条件下商品动态定价及库存控制方法研究[D]．秦皇岛：燕山大学，2017.

[73]孙有发，邱梓杰，姚宇航，等．基于深度学习算法的行为期权定价[J]．系统管理学报，2021，30(4)：697-708.

[74]唐秋生，张洋，李萍．基于层次分析与灰关联分析的公路货运市场细分方法[J]．重庆交通大学学报(自然科学版)，2008，27(2)：313-316.

[75]涂荣庭，赵占波，涂平．产品属性对顾客满意影响的实证研究[J]．管理科学，2007，20(6)：36-44.

[76]王斌会．计量经济学模型及R语言应用[M]．广州：暨南大学出版社，2015.

[77]王琛俊．工业化学品营销中目标细分市场评估的研究[D]．上海：上海社会科学院，2019.

[78]王方民．基于生活圈的公共服务设施配置对房价的影响研究[D]．重庆：西南大学，2021.

[79]王刚，陈伟，曹秋红．基于Entropy-Topsis的林业产业竞争力测度[J]．统计与决策，2019(18)：55-58.

[80]王高，黄劲松，赵字君，等．应用联合分析和混合回归模型进行市场细分[J]．数理统计与管理，2007，26(6)：941-950.

[81]王广飞．基于特征价格模型的轨道交通对沿线住宅价格的影响研究[D]．天津：天津大学，2013.

[82]王海忠，赵平．基于消费者民族中心主义倾向的市场细分研究[J]．管理世界，2004(5)：88-96.

[83]王皓，马翠花．中国轿车行业的品牌价值及其动态变化趋势：基于特征价格模型的实证研究[J]．当代财经，2012(2)：78-86.

[84]王锦．苏南地区住房价格存在泡沫吗?：基于GSADF方法检验[J]．市场周刊，2019(4)：48-50.

[85]王景脉．基于特征提取和加权分析的乘用车细分市场销量预测及

营销策略改善[D]. 广州：华南理工大学，2020.

[86]王娟娟，毛博. 基于特征价格模型(HPM)的房地产评估研究综述[J]. 行政事业资产与财务，2016(1)：84-87.

[87]王美艳. 售电侧放开下零售电价套餐体系设计及定价方法研究[D]. 北京：华北电力大学，2021.

[88]王瑞. 基于特征价格模型的杭州市集中式长租公寓租金影响因素分析[D]. 杭州：浙江大学，2019.

[89]王习涛. ARIMA 模型在期货交易预测中的应用研究[J]. 微计算机信息，2006，22(15)：139-140.

[90]王霞，包启挺. 聚类同归分析(CLR)在市场细分研究中的应用[J]. 数理统计与管理，2008，27(2)：338-345.

[91]王颖，蓝云飞，汪琳. 基于 TOPSIS 方法的中部地区科技服务业发展水平评价[J]. 统计与决策，2019(21)：53-56.

[92]王悠. 基于特征价格模型的杭州市共享住宿价格影响因素分析[D]. 天津：天津师范大学，2020.

[93]魏敏，田蕾. 个人理财市场细分及客户群差异性分析[J]. 金融论坛，2006(10)：42-47.

[94]魏清晨. 目标市场细分理论综述及案例分析[J]. 现代商贸工业，2021(7)：36-37.

[95]温海珍. 城市住宅的特征价格：理论与实证研究[M]. 北京：经济科学出版社，2005.

[96]文佳星. 基于潜在类别分析的高速铁路旅客选择行为及市场细分研究[D]. 北京：北京交通大学，2016.

[97]吴虹，尹华. ARIMA 与 SVM 组合模型的石油价格预测[J]. 计算机仿真，2010，27(5)：264-266.

[98]吴培，李哲敏. 中国猪肉价格预测研究：基于 ARIMA-GM-RBF 组合模型的分析[J]. 价格理论与实践，2019(1)：75-78.

[99]谢飞，韩立岩. 投机还是实需：国际商品期货价格的影响因素分析[J]. 管理世界，2012(10)：71-82.

[100]谢天帅. 第三方物流服务定价方法研究[D]. 成都：西南交通大

学，2004.

［101］熊志斌．基于ARIMA与神经网络集成的GDP时间序列预测研究［J］．数理统计与管理，2011，30(2)：306-314.

［102］徐凤琴，乔忠．企业市场细分方法及目标市场的确定［J］．科技与管理，2004，6(3)：26-28.

［103］徐晋．应用特征价格模型研究对西安地铁2号线周边住宅价格的影响［D］．西安：西安建筑科技大学，2012.

［104］徐乐，赵领娣．有色金属期货价格投机泡沫风险研究：基于GSADF方法的实证分析［J］．价格理论与实践，2018(12)：119-122.

［105］杨刚，王文卓．碳中和背景下气温衍生品定价研究：基于ELM神经网络方法［J］．金融发展研究，2021(8)：66-73.

［106］杨海龙，唐小飞，邓琪．特色农产品企业品牌选择的影响因素分析［J］．江西社会科学，2013(3)：205-210.

［107］杨健维，苟方杰，黄宇，等．基于不确定性测度的居民小区电动汽车充电分时电价制定策略［J］．电网技术，2018，42(1)：96-102.

［108］杨倩倩．基于订票行为的航空旅客划分方法研究［D］．镇江：江苏科技大学，2015.

［109］杨天剑．基于供应链管理的定价方法研究［D］．天津：天津大学，2004.

［110］杨云帆．贵阳市二手房特征价格及购房决策模型研究［D］．贵阳：贵州财经大学，2021.

［111］尹力博，柳依依．中国商品期货金融化了吗?：来自国际股票市场的证据［J］．金融研究，2016(3)：189-206.

［112］袁鹏，曾艺桥，陈政．基于TOPSIS法的城市旅游发展动力因子评价：以湖南省为例［J］．统计与决策，2019(22)：59-63.

［113］袁艳敏．基于顾客忠诚的铁路旅客市场细分研究［D］．北京：北京交通大学，2013.

［114］曾武．企业产品创新能力和产品创新及工艺创新模式的关系研究［D］．武汉：华中科技大学，2012.

［115］张成思，刘泽豪，罗煜．中国商品金融化分层与通货膨胀驱动

机制[J]. 经济研究，2014(1)：140-154.

[116]张成思，刘泽豪．金融意识觉醒与普通商品金融化[J]. 新金融评论，2014(1)：152-173.

[117]张方杰，胡燕京．ARMA 模型在期货价格预测中的应用[J]. 陕西统计与社会，2005，3：39-41.

[118]张昊，梦月影．奢侈品消费者细分方法的研究综述及管理启示[J]. 预测，2014，33(1)：75-80.

[119]张孟如．零售商双渠道下服装产品多阶段定价研究[D]. 上海：东华大学，2021.

[120]张梦迪．我国铁路货运定价优化方法与管理策略研究[D]. 北京：中国铁道科学研究院，2021.

[121]张甜．基于特征价格法的共享住宿日租价格预测：以北京"Airbnb 共享住宿"为例[D]. 北京：北京交通大学，2020.

[122]张寅，骆忠祥，何蕙，等．基于 POI 和交易数据的住宅特征价格分析：以无锡市为例[J]. 房地产市场，2021(3)：35-43.

[123]张子健，张泠泠．消费者异质性下供应链互补产品销售策略选择及其定价研究[J]. 中国管理科学，2021，29(7)：160-170.

[124]郑捷奋，刘洪玉．城市轨道交通对房地产价值影响研究综述[J]. 铁道运输与经济，2003，25(10)：14-16.

[125]郑永坤，刘春．基于 ARIMA 模型的二手房价格预测[J]. 计算机与现代化，2018(4)：122-126.

[126]钟祥，宋鑫．南昌市地铁一号线对沿线房地产价格影响研究：基于特征价格模型的定量分析[J]. 企业导报，2013(12)：108-109.

[127]仲秋雁，莫佳卉．基于拓展自组织神经网络方法的客户市场细分[J]. 中国管理科学，2008(16)：551-555.

[128]朱红，孔德群，钱旭．基于 ATD-BP 神经网络的页岩气产量预测方法[J]. 科学技术与工程，2017，17(31)：128-132.

[129]朱毅，常健聪．影响网络消费行为的组合要素探究[J]. 中国流通经济，2020，34(1)：83-89.

[130]朱洲，喻港．基于消费者购买行为的农村奶制品市场细分研究

[J]. 农业技术经济, 2009(5): 97-105.

[131]竺荣梁. 杭州二手房特征价格及其指数研究[D]. 杭州: 浙江工商大学, 2011.

[132] ABRAHAM J M, HENDERSHOTT P H. Bubbles in metropolitan housing markets[R]. National Bureau of Economic Research, 1994.

[133] ALMUDHAF F. Speculative bubbles and irrational exuberance in African stock markets [J]. Journal of behavioral and experimental finance, 2017, 13: 28-32.

[134]ANDERSSON D E, SHYR O F, FU J. Does high-speed rail accessibility influence residential property prices? Hedonic estimates from southern Taiwan[J]. Journal of transport geography, 2010, 18: 166-174.

[135]ATTARI M, MELLO A S, RUCKES M E. Arbitraging arbitrageurs [J]. Journal of finance, 2005, 60(5): 2471-2511.

[136] BALMACEDA F, SORUCO P. Asymmetric dynamic pricing in a local gasoline retail market[J]. Journal of industrial economics, 2008, 56(3): 629-653.

[137]BATEMAN I, DAY B, LAKE I, et al. The effect of road traffic on residential property values: a literature review and hedonic pricing study [J]. The stationary office, 2001, 1: 62-77.

[138]BERAWI M A, SUWARTHA N, KURNIA K, et al. Forecasting the land value around commuter rail stations using hedonic price modeling[J]. International journal of technology, 2018, 9(7): 1329 -1337.

[139] BERBEGLIA F, BERBEGLIA G, HENTENRYCK P V. Market segmentation in online platforms[J]. European journal of operational research, 2021, 295(3): 1025-1041.

[140]BLANCHARD O J, WATSON M W. Bubbles, rational expectations and financial markets [J]. National bureau of economic research, 1982, 7: 945-970.

[141]BOUCHET A, TROILO M, WALKUP B. R. Dynamic pricing usage in sports for revenue management [J]. Managerial finance, 2016, 42 (9):

913-921.

[142]BRASINGTON D M, HITE D. A mixed index approach to identifying hedonic price models[J]. Regional scienceand urban economics, 2008, 38(3): 271-284.

[143]BRASINGTON D M. Which measures of school quality does the housing market value[J]. Journal of real estate research, 1999, 18(3): 395-413.

[144]BRYSON A E, HO Y C, SIOURIS G M. Applied optimal control: optimization, estimation and control[M]. New York: Blaisdell, 1975.

[145]CARMEN P H, CRISTINA G G. The contribution of CRMs to the ability of market segmentation: the case of the VIPS group[J]. Procedia technology, 2014(16): 355-364.

[146]CHAN C C. H, HWANG Y R, WU H C. Marketing segmentation using the particle swarm optimization algorithm: a case study[J]. Journal of ambient intelligence humanized computing, 2016, 7(6): 855-863.

[147]CHAN S H, CHU S M, LENTZ G H, et al. Intra-project externality and layout variables in residential condominium appraisals[J]. The journal of real estate research, 1998, 15(2): 131-145.

[148]DESALVO S J, HUQ M. Introducing nonlinear pricing into consumer choice theory[J]. Journal of economic education, 2002, 33(2): 166-179.

[149]DEZHBAKHSH H, DEMIRGUC-KUNT A. On the presence of speculative bubbles in stock prices[J]. Journal of financial and quantitative analysis, 1990, 25(1): 101-112.

[150]DIBA B T, GROSSMAN H I. Explosive rational bubbles in stock prices? [J]. American economic review, 1988, 78(3): 520-530.

[151]DOWNES T A, ZABEL J E. The impact of school characteristics on house prices: Chicago 1987-1991[J]. Journal of urban economics, 2002, 52: 1-25.

[152]ESPINET J. M, SAEZ M, COENDERS G, et al. Effect on prices of the attributes of holiday hotels: a hedonic prices approach[J]. Tourism economics, 2003, 9(2): 165-177.

[153]FALK M. A hedonic price model for ski lift tickets[J]. Tourism management, 2008, 29(6): 1172-1184.

[154] FANTAZZINI D. The oil price crash in 2014/2015: was there a (negative) financial bubble? [J] Energy policy, 2016(96): 383-396.

[155]FARUQUI A, SERGICI S. Household response to dynamic pricing of electricity: a survey of 15 experiments[J]. Journal of regulatory economics, 2010, 38(2): 193-225.

[156] FELBO - KOLDING J, LESCHKE J, SPRECKELSEN T F. A division of labour? Labour market segmentation by region of origin: the case of intra-EU migrants in the UK, Germany and Denmark[J]. Journal of ethnic and migration studies, 2019, 45(15): 2820-2843.

[157] FERNANDEZ J, MELO O, LARRAIN R, et al. Valuation of observable attributes in differentiated beef products in Chile using the hedonic price method[J]. Meat science, 2019(158): 1-6.

[158]FISHER M, GALLINO S, LI J. Competition-based dynamic pricing in online retailing: a methodology validated with field experiments[J]. Management science, 2018, 64(6): 2496-2514.

[159]FROOT K A, OBSTFELD M. Exchangerate dynamics under stochastic regime shifts: a unified approach[J]. Journal of international economics, 1991, 31(3-4): 203-229.

[160] FUNAHASHI K. On the approximate realization of continuous mappings by neural networks[J]. Neural networks, 1989, 2(7): 183-192.

[161]FU X, JUAN Z. Transit commuting market investigation using the latent segmentation approach[J]. Travel behaviour and society, 2015, 2(2): 102-108.

[162]GARCIA-VALINAS M A. Efficiency and equity in natural resources pricing: a proposal for urban water distribution service[J]. Environmental and resource economics, 2005, 32(2): 183-204.

[163]GEEKIYANAGE D, RAMACHANDRA T. Running costs indices for commercial buildings using the hedonic price imputation approach: a case of

Sri Lanka[J]. Construction management and economics, 2021, 39(8): 704-721.

[164]GENG B, BAO H J, LIANG Y. A study of the effect of a high-speed rail station on spatial variations in housing price based on the hedonic model[J]. Habitat international, 2015, 49(3): 333-339.

[165]HALEY R J. Benefit segmentation: a decision-oriented research tool [J]. Journal of marketing, 1968, 32(7): 30-31.

[166]HAM F M, KOSTANIC I. Principles of neurocomputing for science and engineering[M]. New York: McGraw-Hill Science/Engineering/Math, 2000.

[167]HARRIS O. The impact of industrial districts on the pricing of IPOs [J]. Quarterly review of economics and finance, 2018(69): 274-285.

[168]HAWKINS J, HABIB K N. Spatiotemporal hedonic price model to investigate the dynamics of housing prices in contexts of urban form and transportation services in Toronto[J]. Transportation research record, 2018, 2672(6): 21-30.

[169]HILL R J, MELSER D. Hedonic imputation and the price index problem: an application to housing[J]. Economic inquiry, 2008, 46(4): 593-609.

[170]HUA Z, ZHANG L Z, XIE L, et al. SVM model of system marginal price based on developed independent component analysis[J]. International conference on power system technology, 2004, 2(2): 1437-1440.

[171]HYUNJIN L, HYEYOUNG P, YILLBYUNG L. Network optimization through learning and pruning in neuromanifold[J]. Lecture notes in computer science, 2002, 24(17): 169-177.

[172]JAISWAL D, KAUSHAL V, SINGH P K, et al. Green market segmentation and consumer profiling: a cluster approach to an emerging consumer market[J]. Benchmarking: an international journal, 2021, 28(3): 792-812.

[173]JUANEDA C, RAYA J M, SASTRE F. Pricing the time and location of a stay at a hotel or apartment[J]. Tourism economics, 2011, 17(2): 321-338.

[174]KIMOTO T, ASAKAWA K, YODA M, et al. Stock market prediction system with modular neural networks[J]. Neural networks, international joint conference, 1990, 1(1): 1-6.

[175]KINDLEBERGER C P, ALIBER R Z. Manias, panics and crashes: a history of financial crises[M]. New York: Wiley, 2005.

[176] KOTLER P, ARMSTRONG G. Principles of marketing [M]. Prentice Hall, 1996.

[177] KRAENZLIN S, NELLEN T. Access policy and money market segmentation[J]. Journal of monetary economics, 2015, 71: 1-12.

[178]LAW S. Defining street-based local area and measuring its effect on house price using a hedonic price approach: the case study of metropolitan London[J]. Cities, 2017, 60(1): 166-179.

[179]LAZER W. Life style concept and marketing[C]. Proceedings of the American Marketing Association, 1963: 130-139.

[180]COCKERILL L, STANLEYD. How will the centerline affect property values in orange county? [Z]Fullerton: California State University at fullerton institute of economic and environmental studies, 2002: 53-61.

[181]LEE S K, JANG S C. Room rates of US airport hotels: examining the dual effects of proximities[J]. Journal of travel research, 2011, 50(2): 186-197.

[182]LEROY S F, PORTER R D. The presentvalue relation: test based on implied variance bounds[J]. Econometrica, 1981, 49(3): 555-574.

[183]LIESKE S N, RYAN V D. N, HAN J H, et al. A novel hedonic price modelling approach for estimating the impact of transportation infrastructure on property prices[J]. Urban studies, 2019, 58(1): 182-202.

[184]TYRVAINEN L, MIETTINEN A. Property prices and urban forest amenities[J]. Journal of environmental economics and management, 2000, 39: 205-223.

[185]LIPPMANN R P. An introduction to computing with neural nets[J]. Washington DC: IEEE ASSP magazine, 1987, 4: 4-22.

[186]LI X，MENG F，UYSAL M，et al. Understanding China's long-haul outbound travel market：an overlapped segmentation approach[J]. Journal of business research，2013，66(6)：786-793.

[187]MARKMAN A B，LOEWENSTEIN J. Structural comparison and consumer choice[J]. Journal of consumer psychology，2010，20(2)：126-137.

[188]MCQUEEN G，THORLEY S. Bubbles，stock returns and duration dependence[J]. Journal of financial and quantitative analysis，1994，29(3)：379-401.

[189]MOHAMED A，EL-HAWARY M E. Midterm electricity price forecasting using SVM[J]. Canadian conference on electrical and computer engineering，2016：1-6.

[190]MONTY B，SKIDMORE M. Hedonic pricing and willingness to pay for bed and breakfast amenities in southeast Wisconsin[J]. Journal of travel research，2003，42 (2)：195-199.

[191]MOORE M R，DOUBEK J P，XU H，et al. Hedonic price estimates of lake water quality：valued attribute，instrumental variables，and ecological-economic benefits[J]. Ecological economics，2020，176：1-12.

[192]MULLER H，HAMM U. Stability of market segmentation with cluster analysis a methodolo gical approach[J]. Food quality and preference，2014，34：70-78.

[193]NDINDENG S A，TWINE E E，MUJAWAMARIYA G，et al. Hedonic pricing of rice attributes，market sorting，and gains from quality improvement in the Beninese market[J]. Agricultural and resource economics review，2021，50 (1)：170-186.

[194]NEPAL M，RAI R K，KHADAYAT M S，et al. Value of cleaner neighborhoods：application of hedonic price model in low income context[J]. World development，2020，131：104965-104977.

[195]NIU D X，LIU D，WU D D. A soft computing system for day-ahead electricity price forecasting [J]. Applied soft computing，2010，10 (3)：868-875.

[196] PETTERSEN I K, ASCHE F. Hedonic price analysis of exvessel cod markets in Norway[J]. Marine resource economics, 2020, 35(4): 343-359.

[197] PHILLIPS P C B, MAGDALINOS T. Limit theory for moderate deviations from a unit root[J]. Journal of econometrics, 2007, 136(1): 115-130.

[198] PHILLIPS P C B, SHI S P, YU J. Testing for multiple bubbles: historical episodes of exube-rance and collapse in the S&P 500[J]. International economic review, 2015, 56(4): 1043-1078.

[199] PHILLIPS P C B, SHI S P, YU J. Testing for multiple bubbles: limit theory of real-time detectors[J]. International economic review, 2015, 56(4): 1079-1134.

[200] PHILLIPS P C B, WU Y R, YU J. Explosive behavior in the 1990s Nasdaq: when did exuberance escalate asset values? [J]. International economic review, 2011, 52(1): 201-226.

[201] PICHLER P, STOMPER A. IPO pricing mechanisms in the presence of when-issued markets[J]. Quarterly journal of finance, 2014, 4(3): 1-31.

[202] POPESCU A, ETZIONI O. Extracting product features and opinions from reviews[C]. HLT/EMNLP on Interactive Demonstrations, Association for Computational Linguistics, 2005: 339-346.

[203] PUNEL A, ERMAGUN A, STATHOPOULOS A. Studying determinants of crowd-shipping use[J]. Travel behaviour and society, 2018, 12: 30-40.

[204] QI Y L, ZHANG W J. The improved SVM method for forecasting the fluctuation of International crude oil price[J]. International conference on electronic commerce and business Intelligence, 2009: 269-271.

[205] ROBERT H N. Theory of the backpropagation neural network[J]. IEEE international joint conference on neural networks, 1989, 1: 593-605.

[206] RUMELHART D E, HINTON G E, WILLIAMS R J. Learning representations by back-propagation errors[J]. Nature, 1986, 323: 533-536.

[207] SANTONI G J. The great bull markets 1924-1929 and 1982-1987: speculative bubbles or economic fundamentals? [J]. Federal reserve bank of

St. Louis review, 1987, 69(9): 16-29.

[208] SCHWIETERMAN J. A hedonic price assessment of airline service quality in the US[J]. Transport reviews, 1995, 15(3): 291-302.

[209] SHILLER R J. The use of volatility measures in assessing market efficiency[J]. Journal of finance, 1981, 36(2): 291-304.

[210] SIBLY H. Efficient urban water pricing[J]. The Australian economic review, 2006, 39(2): 227-237.

[211] SKENTERIS K, MIRASGEDIS S, TOURKOLIAS C. Implementing hedonic pricing models for valuing the visual impact of wind farms in Greece[J]. Economic analysis and policy, 2019, 64: 248-258.

[212] SOLER I P, GEMAR G. Hedonic price models with geographically weighted regression: an application to hospitality [J]. Journal of destination marketing and management, 2018, 9: 126-137.

[213] SUN H, WANG Y N, LI Q B. The impact of subway lines on residential property values in Tianjin: an empirical study based on hedonic pricing model[J]. Discrete dynamics in nature and society, 2016, 3: 1-10.

[214] SUN M. Disclosing multiple product attributes [J]. Journal of economics and management strategy, 2011, 20(1): 195-224.

[215] TANG T Y, FANG E, WANG F. Is neutral really neutral? The effects of neutral user-generated content on product sales[J]. Journal of marketing, 2014, 78(4): 41-58.

[216] THRANE C. Examining the determinants of room rates for hotels in capital cities: the Oslo experience[J]. Journal of revenue and pricing management, 2007, 5(4): 315-323.

[217] THRANE C. Hedonic price models and sun-and-beach package tours: the Norwegian case [J]. Journal of travel research, 2005, 43 (3): 302-308.

[218] TONY L. Consumer market research handbook[C]. Elsevier Science Publishers B. V., 1986: 387-423.

[219] TRIEPELS R, DANIELS H, FEELDERS A. Data-driven fraud

detection in International shipping[J]. Expert systems with applications, 2018, 99: 193-202.

[220]USMAN H, LIZAM M, BURHAN B. A priori spatial segmentation of commercial property market using hedonic price modelling[J]. Real estate management and valuation, 2021, 29(2): 16-28.

[221]VENTER P, WRIGHT A, DIBB S. Performing market segmentation: a performative perspective[J]. Journal of marketing management, 2015, 31(1-2): 62-83.

[222]VERHOEF P C, DONKERS B. Predicting customer potential value an application in the insurance industry[J]. Decision support systems, 2001, 32(2): 189-199.

[223]VOGL T P, MANGIS J K, RIGLER J K, et al. Accelerating the convergence of the back propagation method[J]. Biological cybernetics, 1988, 59: 257-263.

[224]VOSS K E, SPANGENBERG E R, GROHMANN B. Measuring the hedonic and utilitarian dimensions of consumer attitude[J]. Journal of marketing research, 2003, 40(3): 310-320.

[225]WALDEN M L. Magnet schools and the differential impact of school quality on residential property values[J]. The journal of real estate research, 1990, 5(2): 221-230.

[226]WANG D Y, LUO H Y, GRUNDER O, et al. Multi-step-ahead electricity price forecasting using a hybrid model based on two-layer decomposition technique and BP neural network optimized by firefly algorithm [J]. Applied energy, 2017, 190: 390-407.

[227]WANG J Z, LIU F, SONG Y L, et al. A novel model: dynamic choice artificial neural network (DCANN) for an electricity price forecasting system[J]. Applied soft computing, 2016, 48: 281-297.

[228]WAUGH F V. Quality factors influencing vegetable prices[J]. Journal of farm economics, 1928, 10(2): 185-196.

[229]WELLS W D, TIGERT D J. Activities, interests and opinions[J].

Journal of advertising research, 1971, 11 (4): 27-35.

[230] WERBOS P J. Beyond regression: new tools for prediction and analysis in the bahavioral sciences[D]. Cambridge: Harvard University, 1974.

[231] WEST K D. A specification test for speculative bubbles[J]. Quarterly journal of economics, 1987, 102(3): 553-580.

[232] WU C, YE X. Y, REN F, et al. Modified data-driven framework for housing market segment-ation[J]. Journal of urban planning and development, 2018, 144(4): 73-89.

[233] WU K H, YE S C. An information security threat assessment model based on Bayesian network and OWA operator[J]. Applied mathematics and information sciences, 2014, 8(2): 833-838.

[234] YANG T Y, DHARMASENA S. Consumers preferences on nutritional attributes of dairy- alternative beverages: hedonic pricing models[J]. Food science and nutrition, 2020, 8(10): 5362-5378.

[235] YI J H, NASUKAWA T, BUNESCU R, et al. Sentiment analyzer: extracting sentiments about a given topic using natural language processing techniques[C]. Third IEEE International Conference on Data Mining, 2003: 427-434.

[236] YOUNG S, FEIGIN B. Using the benefit chain for improved strategy formulation[J]. Journal of marketing, 1975, 39(7): 72-74.

[237] YU X H, CHEN G A. Efficient backpropagation learning using optimal learning rate and momentum[J]. Neural networks, 1997, 10(3): 517-527.

[238] ZHANG G P. Time series forecasting using a hybrid ARIMA and neural network model[J]. Neurocomputing, 2003, 50: 159-175.

[239] ZHANG Y, WU L. Weights optimization of neural network via improved BCO approach[J]. Progress in electromagnetics research, 2008, 83: 185-198.

附录 A　基于 TOPSIS-BP 模型的多特征的企业产品定价模型训练

表 A1　产品一 TOPSIS-BP 模型不同输入层及隐含层神经元个数预测精度

输入层及隐含层神经元个数	MSE	MAE	MRE
输入层为 3，隐含层神经元个数为 6	1. 295785664	1. 033717877	0. 146941243
输入层为 4，隐含层神经元个数为 9	1. 260225138	1. 015186724	0. 144300657
输入层为 5，隐含层神经元个数为 7	0. 937118791	0. 807790839	0. 111092780
输入层为 6，隐含层神经元个数为 11	0. 937105358	0. 807841748	0. 111101430
输入层为 7，隐含层神经元个数为 11	1. 485529437	1. 125931739	0. 160108305
输入层为 8，隐含层神经元个数为 6	0. 937112916	0. 807827904	0. 111099026
输入层为 9，隐含层神经元个数为 10	1. 638955751	1. 198194386	0. 170077304
输入层为 10，隐含层神经元个数为 12	1. 699884126	1. 221871616	0. 173688524
输入层为 11，隐含层神经元个数为 11	0. 937171713	0. 807876241	0. 111106308
输入层为 12，隐含层神经元个数为 10	0. 937273033	0. 807928782	0. 111113735
输入层为 13，隐含层神经元个数为 7	0. 943258720	0. 811025430	0. 111551461
输入层为 14，隐含层神经元个数为 5	0. 946755050	0. 812828158	0. 111806298
输入层为 15，隐含层神经元个数为 6	0. 937196168	0. 807888923	0. 111108101
输入层为 16，隐含层神经元个数为 9	0. 937856589	0. 808172569	0. 111146722

表 A2　产品二 TOPSIS-BP 模型不同输入层及隐含层神经元个数预测精度

输入层及隐含层神经元个数	MSE	MAE	MRE
输入层为 3，隐含层神经元个数为 5	0. 426540848	0. 592109463	0. 108682823
输入层为 4，隐含层神经元个数为 10	0. 815781810	0. 743418155	0. 132203421
输入层为 5，隐含层神经元个数为 10	0. 407078122	0. 571465427	0. 104209543

续表

输入层及隐含层神经元个数	MSE	MAE	MRE
输入层为 6，隐含层神经元个数为 6	0.444070867	0.597596239	0.109337885
输入层为 7，隐含层神经元个数为 6	0.703158314	0.646654245	0.112692852
输入层为 8，隐含层神经元个数为 10	1.346410611	1.019485151	0.183598288
输入层为 9，隐含层神经元个数为 11	0.765532313	0.709463849	0.125762954
输入层为 10，隐含层神经元个数为 6	0.473124704	0.591554957	0.106437632
输入层为 11，隐含层神经元个数为 5	1.146716761	0.904609881	0.161165045
输入层为 12，隐含层神经元个数为 9	1.575283091	1.116045824	0.201622922
输入层为 13，隐含层神经元个数为 8	0.500503430	0.592538008	0.105679309
输入层为 14，隐含层神经元个数为 11	0.415397606	0.573276404	0.104313560
输入层为 15，隐含层神经元个数为 7	0.414145534	0.573367170	0.104387727
输入层为 16，隐含层神经元个数为 14	0.408837800	0.572489175	0.104391251

表 A3　产品三 TOPSIS-BP 模型不同输入层及隐含层神经元个数预测精度

输入层及隐含层神经元个数	MSE	MAE	MRE
输入层为 3，隐含层神经元个数为 5	0.017168406	0.131028262	0.026150030
输入层为 4，隐含层神经元个数为 8	0.017168406	0.131028262	0.026150030
输入层为 5，隐含层神经元个数为 4	0.008148164	0.090267182	0.018015117
输入层为 6，隐含层神经元个数为 6	0.008136072	0.090200176	0.018001744
输入层为 7，隐含层神经元个数为 6	0.015987431	0.126441411	0.025234607
输入层为 8，隐含层神经元个数为 5	0.015989089	0.126447968	0.025235915
输入层为 9，隐含层神经元个数为 11	0.041857326	0.096908271	0.019340516
输入层为 10，隐含层神经元个数为 13	0.017168406	0.131028262	0.026150030
输入层为 11，隐含层神经元个数为 7	0.001002621	0.031664061	0.006319371
输入层为 12，隐含层神经元个数为 11	0.016204339	0.127294800	0.025404922
输入层为 13，隐含层神经元个数为 6	0.010016127	0.100080601	0.019973635
输入层为 14，隐含层神经元个数为 8	0.005748252	0.075814839	0.015130784
输入层为 15，隐含层神经元个数为 5	0.008111619	0.090064526	0.017974672
输入层为 16，隐含层神经元个数为 10	0.016720426	0.129307484	0.025806605

表 A4　产品四 TOPSIS-BP 模型不同输入层及隐含层神经元个数预测精度

输入层及隐含层神经元个数	MSE	MAE	MRE
输入层为 3，隐含层神经元个数为 7	0. 134164096	0. 200656425	0. 039910710
输入层为 4，隐含层神经元个数为 7	0. 088267495	0. 174569787	0. 034695524
输入层为 5，隐含层神经元个数为 6	0. 007052978	0. 073817389	0. 014553637
输入层为 6，隐含层神经元个数为 10	0. 007052978	0. 073817389	0. 014553637
输入层为 7，隐含层神经元个数为 7	0. 136608008	0. 214252393	0. 042598899
输入层为 8，隐含层神经元个数为 13	0. 052436876	0. 158406971	0. 031438153
输入层为 9，隐含层神经元个数为 6	0. 136671707	0. 214580313	0. 042663734
输入层为 10，隐含层神经元个数为 7	0. 134276119	0. 201212408	0. 040020663
输入层为 11，隐含层神经元个数为 13	0. 007076047	0. 073968665	0. 014583577
输入层为 12，隐含层神经元个数为 9	0. 007052978	0. 073817389	0. 014553637
输入层为 13，隐含层神经元个数为 12	0. 007077443	0. 073982919	0. 014586414
输入层为 14，隐含层神经元个数为 12	0. 007052978	0. 073817389	0. 014553637
输入层为 15，隐含层神经元个数为 9	0. 007055108	0. 073833021	0. 014556736
输入层为 16，隐含层神经元个数为 14	0. 007075402	0. 073969124	0. 014583682

附录 B　基于 GSADF-TOPSIS-BP 模型的多特征的企业产品定价模型训练

表 B1　产品一 GSADF-TOPSIS-BP 模型不同输入层及隐含层神经元个数预测精度

输入层及隐含层神经元个数	MSE	MAE	MRE
输入层为 3，隐含层神经元个数为 4	0.041584454	0.194950793	0.038308668
输入层为 4，隐含层神经元个数为 5	0.005797302	0.050235411	0.009768074
输入层为 5，隐含层神经元个数为 12	0.066089567	0.249456245	0.049057105
输入层为 6，隐含层神经元个数为 6	0.005797006	0.050234332	0.009767869
输入层为 7，隐含层神经元个数为 11	0.062688799	0.211235706	0.041672009
输入层为 8，隐含层神经元个数为 13	0.020188187	0.121153537	0.023919477
输入层为 9，隐含层神经元个数为 10	0.063039646	0.214092361	0.042248640
输入层为 10，隐含层神经元个数为 6	0.052471496	0.166469439	0.032721793
输入层为 11，隐含层神经元个数为 6	0.005797302	0.050235411	0.009768074
输入层为 12，隐含层神经元个数为 13	0.070691116	0.238098726	0.047020364
输入层为 13，隐含层神经元个数为 13	0.026103645	0.149523775	0.029319435
输入层为 14，隐含层神经元个数为 5	0.051862512	0.190511193	0.037554196
输入层为 15，隐含层神经元个数为 13	0.011616157	0.088929852	0.017534448
输入层为 16，隐含层神经元个数为 13	0.035794732	0.179755190	0.035548667

表 B2　产品二 GSADF-TOPSIS-BP 模型不同输入层及隐含层神经元个数预测精度

输入层及隐含层神经元个数	MSE	MAE	MRE
输入层为 3，隐含层神经元个数为 4	0.216168187	0.424725754	0.092021140
输入层为 4，隐含层神经元个数为 9	0.037328339	0.186711632	0.040247934
输入层为 5，隐含层神经元个数为 10	0.197641098	0.412646187	0.089388622
输入层为 6，隐含层神经元个数为 7	0.037328339	0.186711632	0.040247934

续表

输入层及隐含层神经元个数	MSE	MAE	MRE
输入层为 7，隐含层神经元个数为 5	0. 071462658	0. 172404206	0. 036905879
输入层为 8，隐含层神经元个数为 4	0. 120684590	0. 219948886	0. 047087238
输入层为 9，隐含层神经元个数为 5	0. 206813770	0. 394329829	0. 085506308
输入层为 10，隐含层神经元个数为 10	0. 037033658	0. 187388067	0. 040472119
输入层为 11，隐含层神经元个数为 8	0. 087137160	0. 290981195	0. 063018818
输入层为 12，隐含层神经元个数为 9	0. 010665805	0. 095882395	0. 020670735
输入层为 13，隐含层神经元个数为 13	0. 003886143	0. 052238631	0. 011362015
输入层为 14，隐含层神经元个数为 7	0. 022821265	0. 142178621	0. 030617725
输入层为 15，隐含层神经元个数为 6	0. 088123055	0. 292670378	0. 063383982
输入层为 16，隐含层神经元个数为 10	0. 014096679	0. 100493907	0. 021857720

表 B3 产品四 GSADF-TOPSIS-BP 模型不同输入层及隐含层神经元个数预测精度

输入层及隐含层神经元个数	MSE	MAE	MRE
输入层为 3，隐含层神经元个数为 7	0. 000051366	0. 004312197	0. 000959020
输入层为 4，隐含层神经元个数为 6	0. 029313312	0. 169451061	0. 037487548
输入层为 5，隐含层神经元个数为 7	0. 016693799	0. 115403033	0. 025618968
输入层为 6，隐含层神经元个数为 5	0. 029313312	0. 169451061	0. 037487548
输入层为 7，隐含层神经元个数为 11	0. 000850229	0. 015829708	0. 003534300
输入层为 8，隐含层神经元个数为 8	0. 000850229	0. 015829708	0. 003534300
输入层为 9，隐含层神经元个数为 7	0. 000851228	0. 016665691	0. 003718737
输入层为 10，隐含层神经元个数为 9	0. 000850229	0. 015829708	0. 003534300
输入层为 11，隐含层神经元个数为 9	0. 056474008	0. 160724232	0. 035792644
输入层为 12，隐含层神经元个数为 8	0. 000850229	0. 015829708	0. 003534300
输入层为 13，隐含层神经元个数为 5	0. 029313312	0. 169451061	0. 037487548
输入层为 14，隐含层神经元个数为 9	0. 029313312	0. 169451061	0. 037487548
输入层为 15，隐含层神经元个数为 10	0. 029313312	0. 169451061	0. 037487548
输入层为 16，隐含层神经元个数为 6	0. 000850229	0. 015829708	0. 003534300